重塑智能时代

重塑：
人工智能与教育的未来

刁生富　吴选红　刁宏宇　著

北京邮电大学出版社
www.buptpress.com

内 容 简 介

教育是对技术比较敏感的领域之一，人工智能技术正导致教育产生革命性的变化。本书对智能新时代教育的发展趋势、新兴教育、智慧校园、时空超越、人机关系、教育基石、通才教育、创新教育、创客教育、创业教育、审美教育以及教育的未来等，进行了多维度研究和人文价值反思，探讨了智能新时代教育场景中教育者、教育中介和受教育者的技术化形态，分析了因智能技术对教育方方面面的渗透、碰撞与融合所产生的新理念、新思想、新方法和新未来。

本书适合从事与教育事业相关的教师、行政人员、研究人员，大中专院校学生，以及具有中等以上文化程度的对互联网、大数据、人工智能、心理学、教育学等感兴趣的读者阅读。

图书在版编目(CIP)数据

重塑：人工智能与教育的未来／刁生富，吴选红，刁宏宇著. -- 北京：北京邮电大学出版社，2020.8

ISBN 978-7-5635-6016-5

Ⅰ.①重… Ⅱ.①刁… ②吴… ③刁… Ⅲ.①人工智能－影响－教育－研究 Ⅳ.①G4-39

中国版本图书馆 CIP 数据核字(2020)第 046160 号

策划编辑：彭 楠	责任编辑：廖 娟	封面设计：柏拉图

出版发行：北京邮电大学出版社
社　　址：北京市海淀区西土城路 10 号
邮政编码：100876
发 行 部：电话：010-62282185　传真：010-62283578
E-mail：publish@bupt.edu.cn
经　　销：各地新华书店
印　　刷：河北宝昌佳彩印刷有限公司
开　　本：720 mm×1 000 mm　1/16
印　　张：13.5
字　　数：232 千字
版　　次：2020 年 8 月第 1 版
印　　次：2020 年 8 月第 1 次印刷

ISBN 978-7-5635-6016-5　　　　　　　　　　　　定　价：58.00 元

· 如有印装质量问题，请与北京邮电大学出版社发行部联系 ·

前言

  2019年5月16日,联合国教科文组织、中华人民共和国教育部和中国联合国教科文组织联合举办的"国际人工智能与教育大会"在京举行。会议开幕式上,习近平总书记向大会致贺信时指出:"中国高度重视人工智能对教育的深刻影响,积极推动人工智能和教育深度融合,促进教育变革创新,充分发挥人工智能优势,加快发展伴随每个人一生的教育、平等面向每个人的教育、适合每个人的教育、更加开放灵活的教育……推动人类社会迎来人机协同、跨界融合、共创分享的智能时代。把握全球人工智能发展态势,找准突破口和主攻方向,培养大批具有创新能力和合作精神的人工智能高端人才,是教育的重要使命。"

  习近平总书记的贺信,深刻地阐述了人工智能技术对教育领域的颠覆性影响和中国对人工智能与教育深度融合的高度重视。会议期间,参会的100多个国家、10余个国际组织约300名国际代表,集体参观了包括清华大学在内的数所北京的学校,集中对其人工智能与教育融合发展情况进行详细了解,最终形成了国际社会对智能时代教育发展的共同愿景——《北京共识》。2019年8月28日,联合国教科文组织发布《北京共识——人工智能与教育》,成为全球首个为利用人工智能技术实现2030年教育议程提供指导和建议的重要文件,向全世界庄严宣告:人工智能教育的新时代已经到来!

  人工智能教育新时代,谱写人类教育新篇章。人工智能赋能教育,导致教育正在发生一场翻天覆地的革命:教育的质量问题、公平问题、歧视问题与伦理问题等难题得到进一步攻克;"因材施教"得以从理论走向实践,终身教育体系得以构建,教育的边界得以突破和超越;教育重心发生重大转向,"应试教育"正在向"素质教育"转变;教育正在回归本质,人类的创造思维与创造力正在被唤醒,人类的价值与尊严正在被认可,人类的全面发展正在被实现。

之所以命名本书为《重塑:人工智能与教育的未来》,正是源于以上时代背景与人工智能对教育的重塑价值。这样的时代大背景,正是探讨人工智能与教育革命的最佳时机。2018年8月,全球首个人工智能公民索菲亚(Sophia)被全球在线教育集团 iTutor Group 聘请为集团的 AI 教师,标志着全球首个人工智能教师诞生。自此,人工智能教师与人类教师的"竞争与合作"关系已经开始,至于教师会不会被替代,或者怎样被替代,是一个需要进一步深入探讨的问题。

教育是对技术比较敏感的领域之一,人工智能技术正导致教育产生革命性的变化。本书对智能新时代教育的发展趋势、新兴教育、智慧校园、时空超越、人机关系、教育基石、通才教育、创新教育、创客教育、创业教育、审美教育以及教育的未来等,进行了多维度研究和人文价值反思,探讨了智能新时代教育场景中教育者、教育中介和受教育者的技术化形态,分析了因智能技术对教育方方面面的渗透、碰撞与融合所产生的新理念、新思想、新方法和新未来。

在本书的编写过程中,作者参考了大量国内外文献,在此特向有关研究者和作者致以最真诚的感谢。

由于作者知识和水平有限,书中难免存在不足之处和错误,敬请读者批评指正。

刁生富

2019 年 10 月 28 日

目录

第一章 趋势使然：人工智能与教育的革命 / 1

在智能新时代，探讨人工智能与教育的革命和未来，是一件激动人心的事情。人工智能赋能教育，教育革命悄然而至。对于教育面临的重大变革，无论你是否做好了充分的迎接准备，这场革命都已发生，并将继续进行下去。

一、拥抱智能：人类进入人工智能时代 / 3

二、赋能教育：人工智能催生教育革命 / 6

三、追问意义：智能时代教育革命之目的 / 9

四、教育革命：本书的目的、内容与结构 / 10

第二章 新兴教育：人工智能教育的兴起 / 13

人工智能教育是技术、教育与人文的有机结合，使教育的全过程、全结构都与智能技术实现立体式的融合，突出教育的真正价值与目的，集中彰显新时代的教育魅力。人工智能教育让学习者在教学活动中的主体地位得以回归，凸显智能新时代教育"学以御物"与"学以成人"的新内涵。

一、人工智能教育：智能时代教育的新形态 / 15

二、智能新时代的教育：个性化与人性化并存 / 17

三、人工智能教育的价值链条：一个日益增值的价值闭环 / 20

第三章　难言之隐：传统教育的诉说 / 27

"问题是时代的声音。"从世界视野和时代高度看中国教育，回答"李约瑟难题"与"钱学森之问"，重思我们的教育，势在必行。在智能时代，我们的教育，应知难而上，迎头赶上，培养创新人才，构建教育强国。

一、教育资源短缺：教育公平问题突出 / 29

二、"因材施教"：一个停留在理论层面的原则 / 31

三、以教师为中心：造成教育的"人学空场" / 33

四、知识更新速度快，教育与社会发展脱节 / 35

五、"李约瑟难题"与"钱学森之问"：重思我们的教育 / 38

第四章　时空超越：新的教育在场方式 / 43

智能时代，是一个教育与学习无边界的时代，学习者在主体地位回归的同时，也承担着"认识自己、发展自己、改造自己"的使命。人工智能赋能教育，突破和超越了传统教育意义上的时空，一种新的教育在场方式正在生成。在新的教育时空中，教育者想教，就能实现在场；学习者想学，也能实现在场。

一、自由支配的学习时间：延伸学生自由发展的可能 / 45

二、多维教育空间并存：从"割离"到"聚合"的空间转向 / 48

三、时空限制的解体：无边界教育的智能建构 / 50

四、无边界学习："想学"就能实现"在场" / 53

第五章　人机关系：人工智能教师与人类教师 / 57

任何一个科技大发展的时代，人们都无法选择与世界大趋势相抗衡，唯有勇立潮头敢于担当，才能看得更高，走得更远。在智能新时代，如果人类教师不能掌握人工智能教师所不能掌握的技能，那么人类教师极有可能被人工智能教师淘汰。

一、智能赋能：教师角色的转变 / 59

二、未雨绸缪：人类教师会被取代吗 / 63

三、"人机共教"：从对立走向统一 / 69

第六章　教育基石：智能时代的师生关系与教师素养 / 73

在"智能移民"与"智能原住民"之间，在社会化与反向社会化之间，智能时代的师生关系正在被重塑——教师，需要站在时代的前沿，积极向学生学习，积极投身于提升自身素养的行列中，方能"破茧成蝶"，化身学生发展的智慧引路人。

一、"移民"与"原住民"：智能时代师生之间的代际鸿沟 / 75

二、社会化与反向社会化：智能时代教师向学生学习 / 78

三、智能素养：人工智能时代教师新素养的提升 / 82

第七章　通才之路：新工科与新文科教育 / 87

在智能新时代，科学的综合化和技术的交叉融合，呼唤通才教育。大数据和人工智能技术应用于新工科教育与新文科教育，是通往通才教育的重要路径，两者如"车子双轮、鸟之双翼"，共同推动着通才教育的"广博化"与"专精化"发展。

一、社会需求：大教育体系的构建 / 89

二、制度审思：文理分科教育的局限 / 91

三、新工科教育：人工智能赋能新工科教育 / 94

四、新文科教育：人工智能赋能新文科教育 / 98

五、科学综合化：智能时代大学人才培养的重要路径 / 102

第八章　智慧校园：教学与管理的智能化 / 107

在智能新时代，智慧校园的全场景应用与服务，从整体上提升校园的智能化与智慧化程度，使校园的整体运行模式从教学到管理都呈现出灵活性、精准性与高效性，使校园成为启迪学生智慧的场所、成就学生成长的"乐园"。

一、缘起与思路：智慧校园的历史与未来 / 109

二、应用与服务：智慧校园无处不智能 / 111

三、未来的教室：关于智慧课堂的构想 / 124

四、离散到系统：智慧校园的建构策略 / 130

第九章　三创教育：创新性思维能力的培养 / 133

智能时代，人类只有在情感、思维与精神领域寻求独立、谋求创新，才能与机器保持一种和谐共存的状态。智能时代，人们所要面对的一切都是新的，意味着人们要以全新的思维去应对现实生活，也要以全新的思维去开创未来。

一、局限分析：智能时代阻碍创新的因素 / 135

二、创新教育：智能时代万众创新的培养 / 138

三、创客教育：智能时代万千创客的成长 / 143

四、创业教育：智能时代大众创业的孵化 / 149

五、协同发力：智能时代创新思维的培育 / 151

第十章　审美教育：培育创新人才不可忽视的环节 / 155

美育的最终目的是塑造完美的审美心理结构，培养全面发展的人，是智能时代培育创新人才不可忽视的环节——通过美育所塑造出来的身心健康的、和谐发展的人，正是智能时代所需要的具有创新特质的人。

一、性质界定：陶冶性情、净化心灵的情感教育 / 157

二、价值发现：塑造身心健康的、和谐发展的人 / 160

三、艺术教育：激发人的想象力和创造力 / 164

四、现存局限：束缚人的审美能力和创造能力 / 167

五、超越路径：家庭、学校与社会 / 168

第十一章 教育革命：在变与不变中走向未来 / 171

人的一生，所从事的一切，都与其所接受的教育有关——选择置身怎样的教育，关系其发展和未来。未来教育，并不是所有的人都会被人工智能"挤压"，只有那些对终身学习与终身教育"不屑一顾"的人，最终才会吃人工智能的"苦头"。

一、智能教育：在变与不变中透析本质 / 173

二、终身教育：从理念兴起到实践落地 / 175

三、面向未来：教育为学生的未来做准备 / 178

四、不忘初心：教育促进人的全面发展 / 181

附录 / 185

一、北京共识——人工智能与教育 / 186

二、教育的革命：大数据与个性化教育探讨 / 192

第一章

趋势使然：人工智能与教育的革命

拥抱智能：人类进入人工智能时代
赋能教育：人工智能催生教育革命
追问意义：智能时代教育革命之目的
教育革命：本书的目的、内容与结构

随着互联网、物联网、云计算、大数据与人工智能技术的不断发展，人工智能革命浪潮席卷全球。特别是继阿尔法狗（AlphaGo）打败人类围棋界的世界冠军之后，人工智能"名声大噪"。目前，人工智能技术已得到前所未有的发展与完善。关于人工智能技术的发展与应用，正在经历由浅入深、由简单到复杂的智能转化。人工智能时代，"智化万物"和"万物智化"成为这个新时代的显著特征。人工智能对教育的影响是广泛和深远的，在智能技术的催生下，教育革命悄然而至。

一、拥抱智能：人类进入人工智能时代

2019年8月28日，联合国教科文组织正式发布《北京共识——人工智能与教育》。这是联合国教科文组织首个为利用人工智能技术实现2030年教育议程提供指导和建议的重要文件，文件中提出："各国要引领实施适当的政策应对策略，通过人工智能与教育的系统融合，全面创新教育、教学和学习方式，并利用人工智能加快建设开放灵活的教育体系，确保全民享有公平、适合每个人且优质的终身学习机会，从而推动可持续发展目标和人类命运共同体的实现。"《北京共识——人工智能与教育》把人工智能对教育的价值以及人工智能与教育系统融合的重要性，提到了前所未有的高度。

从技术角度看，人工智能（Artificial Intelligence，AI）是指人类通过技术手段，赋予机器以特定的人类智慧和能力的技术总称，是对人类智能的模仿、增强与延伸，它在操作性技能领域具有远超人类智能本身的价值属性，其发展具有广泛的影响和深远的意义。

人工智能的发展，自1956年达特茅斯会议开幕，至今仅有63年的历史。回顾人工智能这短短几十年的发展史，可以认为它是一部"三起二落"的技术曲折史，也可以认为它是一部"螺旋上升"的技术成长史。它代表着一个新时代——智能时代的来临，引发着一浪高过一浪的热议，孕育着人类的无限希望。

人工智能的发展走向大致可概括为"理论初探——概念完型——技术成熟——场景应用"等四个基本阶段。随着互联网、物联网、大数据、云计算等新兴技术的不断发展，人工智能的技术谱系渐趋成熟，与之相关的专家系统、视觉识别、自然语言处理、深度学习等基础智能技术走向完善，人工智能技术逐渐在众多的应用场景中落地生根，人类社会正大踏步迈向智能新时代。

人工智能的快速发展和广泛应用标志着人类运用科学技术进入新一轮的巅峰，它直接将人类带上了一个新的时代高度，人们看待世界的角度发生了新的变化，改造世界的能力大大提升。从人类起源至今，大致经历过石器时代、青铜时

代、铁器时代、蒸汽时代、电力时代与信息时代六个时代。如今，人类又开启了新的时代模式，正张开双臂，迎接着智能时代的到来。人类进入21世纪的三个关键时间点，相继出现了三个互相联系又略有区别的新时代，即网络社会时代、大数据时代和智能机器时代，三者共同构成了新的社会时代——人工智能时代[①]。

进入人工智能时代，同以往存在的所有技术时代一样，人类的生产方式、生活方式、思维活动与学习形态，都将迎来新的机遇与挑战。"迎其而上"与"敬其远之"注定是两种不同的故事结局，这是所有新技术时代都存在的社会特征。

人工智能对社会最大的影响在于颠覆与重构，它让人们深切地体验到——一切正在变得智能。借助智能技术，人类开启了自我突破和超越的时代之旅。

人工智能的现实魅力也在于颠覆与重构，它让以往各自独立的行业相互渗透与融合，在行业形态、社会分工、组织形式、思维方式、活动边界等方面带来新的变化。特别是与社会公众密切相关的领域，如医疗、教育、就业、制造、交通、政务、公共服务等，都将一一进入智能化模式，从原有的"万物互联"走向"万物智能"。在这个万物智能化的时代趋势下，嗅觉最为灵敏的商业领域潮起澎湃，各大企业纷纷投身智能行当，布局智能化产业，使人工智能产业规模迅速飞升。

从全球来看，根据《2018年全球及中国人工智能行业市场规模预测》[②] 统计数据显示（如图1-1所示）：2015年，全球人工智能市场规模已突破1 684亿元人民币；2015—2018年，保持平均17%的年增长率，规模迅速扩张到2018年的2 700亿元人民币。初步预算，2019年的全球人工智能市场，规模将达到4 285亿元人民币，年增长率为58.7%，2020年的全球人工智能市场规模将达到6 800亿元人民币，年增长率为58.7%，相较于2018年前的增长速度，2018—2019年出现跨越式增长，发展势头迅猛。

从国内来看，据前瞻产业研究院发布的《中国人工智能行业市场前瞻与投资

---

① 何哲. 通向人工智能时代[J]. 电子政务，2016：2-10.
② 中国产业信息网. 2018年全球及中国人工智能行业市场规模预测[OL][2018-8-14][2019-9-24]. https://www.chyxx.com/industry/201808/666931.html.

图1-1　2015—2020年全球人工智能市场规模及增长率

战略规划分析报告》[①] 统计数据显示（如图1-2所示）：2015年，中国人工智能市场规模已突破100亿元人民币，2016年其规模达到141.9亿元人民币，同比增长26.3%。截至2017年，中国人工智能市场规模增至216.9亿元人民币，同比增长52.8%。2018年，中国人工智能市场规模达339亿元人民币，比2017年增长56.3%，远高于全球17%的增速水平。并预测在2019年和2020年，中国人工智能市场规模将分别达500亿元人民币和710亿元人民币。2015—2020年，中国人工智能市场规模复合年均增长率为44.5%，未来市场前景广阔，大片人工智能"新蓝海"等待开发。

无论是全球人工智能产业，还是国内人工智能产业，目前都在迎风而上实现整体规模的迅速膨胀，总体上反映出，在全世界范围内的人工智能技术，嵌套社会结构的程度之深、影响之切，已超出人们原初的想象。

教育，这是一个事关人的发展和国家前途的大事业，也是一个对科技发展极为敏感的行业。在这个科技飞速发展的智能时代，探讨人工智能技术对教育已经带来的和可能带来的革命性影响，可谓意义深远。未来已来，但未来是现在的延续。今天，充分把握人工智能技术对教育的颠覆与重塑，超前认识智能化的未来教育新模式，其价值是无论怎样强调也不过分的。

---

① 前瞻产业研究院［2019-04-17］. 2019年中国人工智能行业市场分析：增速高于全球发展，5G商用推动智能终端发展［OL］. tps://bg.qianzhan.com/trends/detail/506/190417-a2f95525.html.

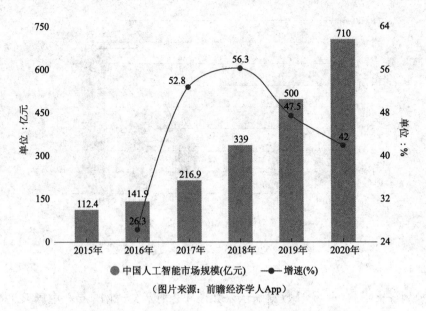

图 1-2　2015—2020 年中国人工智能市场规模及增长情况

二、赋能教育：人工智能催生教育革命

革命是指对某事物进行的大变革与大调整，经过系列的催化活动引发事物从量变到质变的飞跃过程。古往今来，人们每每论及革命，多是与政治相关。但除了政治领域的革命之外，众多其他领域同样会发生革命。譬如，科技革命、工业革命、农业革命、商业革命、智能革命、学习革命等，革命的表现形式丰富多样。无论何种情况，革命的产生都是多重因素共同作用的结果，涵盖经济基础、矛盾冲突、技术革新与革命领导力量四个基本要素。

在任何领域，只要事物受到"内外"因素的影响，或深或浅的变革都会发生，有的在形式上发生，有的则是在本质上发生，后者可以进一步理解为不可逆转的大变革与大调整，我们便可将之命名为该领域的一次革命性变革。随着人类进入智能时代的程度越深，与之相应，人们被迫卷入其中的程度也就越深，此时人们对人工智能技术的依赖性也就越强，包括人们的"吃、穿、住、行、用"等方方面面，无一例外。换言之，人工智能技术对人类的革命性影响是多方面的，几乎涵盖了人类生活的所有领域，其中包括本书与你一起分享教育领域——教育的革命和教育的未来都与人工智能密切相关。

有关教育革命，历史上共发生过四次。"四次教育革命"，最早是由英国教育家埃里克·阿什比（Eric Ashby，Baron Ashby，1904—1992）提出的。他认为，当教育的职责由家庭转移到基督教会或犹太会堂时，第一次教育革命出现；第二次教育革命是人类采用书写作为教育工具；第三次教育革命是印刷术的发明；第四次教育革命是微电子技术的应用[①]。以上述革命发生的四要素为依据，在经济日益发展的社会中，对已发生的教育革命进行技术性解释：第一次教育革命得益于专职教师的出现，第二次教育革命得益于文字的出现，第三次教育革命得益于书籍的出现，第四次教育革命得益于信息化技术的出现。

对于前四次教育革命的发生，从专职教师、教育工具、教育载体到教育信息化，可以看出整个人类教育历史发展的基本进程——"从 0 到 1"。反观历史，人类在开展教育活动时进行了艰辛探索，到如今已基本发展成型，各国的教育虽然形态各异，但都大大丰富了人类教育的内涵与外延。当下，随着新的智能技术的引入，教育即将发生的这次革命可谓之智能化教育革命——第五次教育革命——"从 1 到 n"。第五次教育革命是人工智能时代的教育大变革与大调整，这种革命形态已经出现并将继续发生。这次教育革命与以往的"四次革命"不同的是，它所要变革的不是某个单方面的教育要素，而是整个教育体系。

通常意义上讲，人类教育（教育体系）的基本构成要素包括教育者、教育中介和教育对象，教育中介又具体包括教育环境、教育制度、教育技术、教育目的、教育理念、教育管理、教育载体等，而"第五次教育革命"即将涉及的则是如上诸多要素的总和。例如，人工智能技术的引入，它将转变教育者的角色和地位，改变教育对象的学习方式和学习效率，还将提升教育中介的运行效率和运行质量。正因为智能技术对当下教育的影响是革命性的，我们便将此次的教育革命的技术化解释归功于人工智能技术，命名为"人工智能教育革命"。

既然如此，我们不得不提及人工智能技术究竟"何德何能"，居然能够催生

---

① 周洪宇，鲍成中. 论第三次教育革命的基本特征及其影响[J]. 中国教育学刊，2017（03）：24-28.

教育的颠覆性重构。如前文所述，人工智能在操作性技能领域具有人类智能无可比拟的优势。值得注意的是，该优势产生的原因是什么？对该问题的正确问答，将对我们理清人工智能技术如何赋能教育变革具有根本性指导价值。我们已熟知，人工智能是指人类通过技术手段，赋予机器以人类特定智慧和能力的技术总称，它是对人类智能的模仿、延伸与增强。经过对比人与智能机器人可以得知，人工智能机器人在智能能力施展的过程中，在智能效率、智能精准度、智能工作实效、智能标准执行等方面远超人类智能。简言之，人工智能技术的优势源于它的智能具有"高效率"和"高质量"两大核心特征。

"高效率与高质量"是所有行业达到目标的有效手段，人工智能技术赋能教育也不过如此。其赋能的方式主要是"效率赋能"和"质量赋能"，并在此基础上诱发"低成本"赋能。教育效率和教育质量的提高，进一步促进教育成本的降低，促进教育的快速发展。

教育本身是一项复杂的系统工程，其间涉及的教育元素不胜枚举，教育者与教育对象的动态变化属性与教育中介的巨型网络交叉属性，限制了教育活动过程的有效性价值反馈，容易造成教育"三元素"的人为割离。这种情况可能导致的后果是，教育质量、成本与效率的负债加大，最终限制教育的健康快速发展。然而，在人工智能时代，支撑社会运行的主流工具恰好在教育的弊病上独具治疗功效，这无疑是教育领域的福音，也是全人类教育的福利。

人工智能赋能教育，教育革命已悄然而至。2019年8月28日，联合国教科文组织正式发布《北京共识——人工智能与教育》。这是联合国教科文组织首个为利用人工智能技术实现2030年教育议程提供指导和建议的重要文件。该文件是来自全球100多个国家、10余个国际组织的约500位代表的共同心愿，是国际社会对智能时代教育发展的共同愿景。届时，人工智能时代的教育政策规划、教育管理和供给、教学教师、学习评价、价值观和技能、全民终身学习、公平包容的应用、性别平等、伦理、监测评估和研究以及筹资和国际合作等方面都将以新的面孔问世[1]。人工智能时代的教育革命，无论你是否已做好迎接的准备，这场革命都已发生，并将继续发生。

---

[1] 搜狐网. 联合国教科文组织《北京共识——人工智能与教育》全文[OL]. http://www.sohu.com/a/323952287_100020578.

三、追问意义：智能时代教育革命之目的

正如马克思所言："人类奋斗所争取的一切，都与他们的利益有关①。"在人工智能时代，人们致力于教育事业的改革创新，无疑也是与他们的利益息息相关。从人工智能赋能教育的方式来看，人们可能易于误解教育改革所要追求的仅仅是效率、成本和质量，这就大大错解了我们的初衷——误将教育所要服务的对象看作一件"商品"。

需要强调的是，人工智能赋能教育，只是赋能教育事业的运作层面和管理层面，具体是在教学的过程中服务于教师，为学生提供优质的教学，促进学生的健康成长与全面发展——这才是智能时代教育改革之初衷与目标。该目标的实现，人工智能教育带来的价值，将关系学生和整个社会的未来。

首先，促进学生"主体地位的回归"。人们一心推动教育事业的发展，目的就是要让学生在学习活动中"回归主体地位"，让培养社会主义的建设者和接班人成为学生和教师的共同发展目标。在人工智能时代，教师借助智能技术，能更高效的开拓新的课程，更好地回应学生的学习需求；学生借助人工智能技术，能更好地巩固自己的专业知识。说到底，与教育相关的一切目的，都将围绕促进学生的全面发展而展开，依据马克思关于人的全面发展理论，积极推动"五育并重"，培养全面发展的时代新人，是教育的时代使命。

其次，突出教师的使命与意义。教育，要坚信每个学生都身怀绝技、天赋异禀，也要坚信每个教师都是铸造灵魂的工程师。"用生命影响生命，用生命塑造生命，用生命引导生命，"教育注定能够给教育对象带来与众不同的人生。唯有如此，国家的集体荣誉感、民族复兴的使命感、繁荣富强的责任感才能深入学生心中，嵌入学生骨髓与灵魂。教育改革，它需要成为实现社会价值与个人价值的桥梁和纽带，它需要服务于国家、社会和个人的蜕变与发展。

再次，利于个人价值与社会价值的实现。社会是由个人构成的社会，在每个

---

① 中共中央编译局. 马克思恩格斯全集：第 1 卷[M]. 北京：人民出版社，1956：82.

人的身上，都肩负着使命与荣光，我们都应该成为独立自强的奋斗者和国家繁荣复兴的奉献者，"我们都是追梦人"。教育的质的规定性要求我们，必须要明确"教育为谁培养人""培养什么样的人"以及"怎样培养人"的问题。教育的重大意义不在于教育本身，而在于它是否真正发挥好"立德树人，铸人铸魂"的功能与效用。

最后，办好人民满意的教育。百年大计，教育为本，要办好人民满意的教育，教育必须摆在优先发展的位置。国家要坚定不移走教育创新之路，各级有关部门要积极开展教育创新的实践活动，坚持走"从实践来到实践中去"的路子。在教育改革的路上，始终坚持党的领导，进一步提高对教育改革的思想认识，积极深入群众、深入教育对象群体中去做好教育工作，扎实推进教育改革走进民心、走向学生、走向未来。

智能时代教育革命之目的，是要突出教育在促进"人的全面发展"的过程中的价值与意义。从人工智能赋能教育的优势中汲取智慧，将智能元素浇筑于人类教育的全过程，让教育具备特定的智慧和能力，促使教育革命的发生。届时，教育生态系统与教育结构的优化重组，智能时代教育革命之目的的兑现，其价值是显而易见的——它有利于学生主体地位的回归、个人价值与社会价值的实现、突出教师的使命与意义，总体上能够促进教育的健康快速发展。总之，人工智能技术与教育的交叉融合，便于国家更好地办好人民满意的教育。

四、教育革命：本书的目的、内容与结构

魏源在其《海国图志·叙》中指出："是书何以作？曰：'为以夷攻夷而作，为以夷款夷而作，为师夷长技以制夷而作。'"那么，我们在编写本书之前，也在思考同样的问题，"本书何以作？"曰："本书为教育目的而作，为教育对象而作，为每个教育活动的参与者找寻自我而作！"

在人工智能时代大背景下，探讨教育的改革与创新，希冀借助于人工智能技术手段，找到一条通向未来的教育之路。

本书对人工智能时代教育的主要方面，如智能教育的概念和特征、传统教育的弊端、教育方式、教育管理、教育的在场方式、教师角色、教师教学能力培养、三创教育、通才教育、素质教育、智慧校园、教育的未来发展趋势等方面，进行了初步研究和人文反思，探讨了在人工智能时代的教育场景中，教育者、教育中介、受教育者等要素的技术化形态。本书结构如图1-3所示。

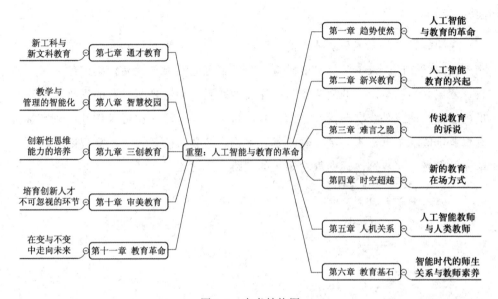

图1-3 本书结构图

受人工智能影响后的教育，其"变与不变"的区别与联系，是我们着重思考人工智能教育的起点。教育的变，变在方式、方法、管理与评价等方面。但是最根本的、本质的东西，却是永远不变的，教育的本质，无论加入什么技术元素，它还是要为"培养社会需要的人才"服务，为促进人的全面发展服务。

本书在写作的大方向上，关注技术发展，尤其是互联网、大数据和人工智能技术对教育的影响，特别是强调具有时代性的教育变革。教育要更加符合时代发展的要求，要更加响应明天和未来。人工智能时代的教育，始终是围绕教育的"三个面向"而进行的，人工智能教育也必将实现"面向现代化、面向世界和面向未来"。

本书还将与广大读者一起感受——改变是社会的常态，教育就在我们身边，我们需要用新的教育理念、新的教育习惯、新的教育方式和新的教育者角色在智能时代站位。"处处皆可教，处处都可学"是人工智能教育的显著特征。很显然，这是"传统教育"所不具备的。

人工智能对教育的影响，是"全方位、多层次、宽领域"的革命性影响，它所要变革的是整个传统教育领域。人工智能赋能教育，对"传统"的颠覆与重构是驱使传统教育走向未来教育的实践基础，它让教育的整个生态系统的"骨骼"与"血液"得以更换，让教育者、教育对象与教育介体的角色与地位得以"按需回归"。

在智能时代，人工智能技术的突飞猛进，使人工智能与教育融合发展的未来充满无限可能性。人工智能赋能教育，在无限可能性中寻找某种确定的未来，是教育领域的一场革命性的变革和一次完美的跳跃。无论是在教育的思维层面还是理念层面，抑或是在实践操作层面，具有科学性、前瞻性和可操作性的研究都具有重要价值。本书作为一本"软学术"著作，希冀与读者一起分享智能时代教育革命的曙光，完成这次通向教育未来的"跳跃"之旅。

第二章

新兴教育：人工智能教育的兴起

人工智能教育：智能时代教育的新形态
智能新时代的教育：个性化与人性化并存
人工智能教育的价值链条：一个日益增值的价值闭环

随着互联网、大数据、物联网、云计算和人工智能等新兴技术的不断发展和广泛应用，由智能技术赋能教育而引发的教育革命，使整个人类社会对于教育的审视出现新的变化，重新定义了人工智能时代教育的理念与特征、价值与优势。

一、人工智能教育：智能时代教育的新形态

人工智能技术是人类智能在技术层面的延伸和增强，它是计算机科学的一个重要分支，涵盖深度学习、视觉识别、图像识别、语音识别、自然语言处理、智能机器人、智能系统、人工神经网络等技术，被誉为"20世纪70年代以来世界三大尖端技术（空间技术、能源技术、人工智能）之一"。

自20世纪50年代诞生以来，人工智能技术在经历"二起二落"之后，如今正迎来"第三次崛起"的社会智能化浪潮，与之相关的理论成果不断走向实践与应用领域，关于人工智能具体应用的社会解决方案如潮水般涌现。通过与其他领域的融合，人工智能技术对社会各个领域的发展都产生了重大影响。

随着人工智能技术的不断发展与完善，以及教育信息化的迅速推进，教育的变革开始呼唤人工智能技术的参与。在人工智能时代，教育的信息化发展为教育的智能化发展奠定了数据基础，使以"数据驱动"为核心的人工智能技术得以渗透到教育的各个环节，从而引发教育领域的人工智能技术的迁移性革命。人工智能与教育的镶嵌式发展已成为时代趋势，广受社会各界的热切关注。

2017年，国务院发布了《新一代人工智能发展规划》。《规划》指出："要充分利用智能技术加快推动人才培养模式、教学方法改革，构建包含智能学习、交互式学习的新型教育体系。开展智能校园建设，推动人工智能在教学、管理、资源建设等全流程应用。开发立体综合教学场、基于大数据智能的在线学习教育平台。开发智能教育助理，建立智能、快速、全面的教育分析系统。建立以学习者为中心的教育环境，提供精准推送的教育服务，实现日常教育和终身教育定制化。"该《规划》的发布，还将发展人工智能教育作为构建智能社会的重要任务之一进行推进。

2019年2月，国务院又印发了《中国教育现代化2035》[①]。该文件进一步指出，要"利用现代技术加快推动人才培养模式改革，实现规模化教育与个性化

---

① 新华网. 国务院. 中国教育现代化2035[OL]. http：//www.xinhuanet.com/politics/2019-02/23/c_1124154392.htm.

培养的有机结合。创新教育服务业态，建立数字教育资源共建共享机制，完善利益分配机制、知识产权保护制度和新型教育服务监管制度。推进教育治理方式变革，加快形成现代化的教育管理与监测体系，推进管理精准化和决策科学化。"

无论是《新一代人工智能发展规划》，还是《中国教育现代化2035》，都是国家对教育智能化发展的政策性引领与战略性布局，对于我国教育的智能化发展意义重大。人工智能与教育的结合，是时代的趋势，也是国家和社会发展的客观要求。国家智能教育政策的颁布，正是对这种趋势的有效回应，也是对智能教育发展的超前展望。

经过国家的战略引领，教育领域的智能化发展如火如荼。关于人工智能与教育融合的概念性探讨也深得学界青睐。人工智能与教育的并行发展，催生人工智能教育的诞生。在经历过政策引领与市场拉动之后，人工智能教育的实践与应用促使人们探讨人工智能教育的概念。截至目前，关于人工智能教育的概念的探讨，主要存在于应用层面、教学环节层面和教育结构智能化层面。

在应用层面，徐鹏认为，人工智能教育的应用领域主要集中在智能教学系统、智能代理、智能答疑系统、智能化教育决策支持系统[①]。梁迎丽认为，人工智能教育的应用领域主要集中于智能导师系统、自动化测评系统、教育游戏、教育机器人等[②]。

在教学环节层面，百度百科认为，人工智能教育是利用计算机技术为教学设计人员和其他教学产品开发人员在教学设计、教学产品开发过程中提供辅助、指导、咨询、帮助或决策的过程[③]。中华人民共和国科学技术部在《智能教育创新应用发展报告》中指出，人工智能教育是基于深度学习、大数据、虚拟现实等新一代信息技术，构建以学习者为中心，贯穿"备课-教学-练习-考试-评价-管理"教育流程各环节的智能化教育环境，实现人才培养更加多元、更加精准、更加个

[①] 徐鹏，王以宁. 国内人工智能教育应用研究现状与反思[J]. 现代远距离教育，2009（05）：3-5.
[②] 梁迎丽，刘陈. 人工智能教育应用的现状分析、典型特征与发展趋势[J]. 中国电化教育，2018（03）：24-30.
[③] 百度百科. 人工智能+[OL]. https://baike.baidu.com/item/AI%2B/19622390?fromtitle=%E4%BA%BA%E5%B7%A5%E6%99%BA%E8%83%BD%2B&fromid=23708226&fr=aladdin.

性化的新型教育模式①。

在教育结构智能化层面，钟晓流等认为，人工智能教育是依托新一代信息技术所打造的泛在化、感知化、一体化、智能化的新型教育生态系统②。徐立芳认为，人工智能教育是指教育教学过程实现智能化，是对从事教育工作的人员进行人工智能教育教学思想启蒙③。

通过对应用层面、教学环节层面、教育结构层面等智能化层面的概念探讨与辨析，人工智能教育的概念逐渐清晰。人工智能教育包括教育智能化和智能化教育两个方面。就教育的智能化层面来讲，主要集中于教育过程与教育环节的智能化，具体体现在教育的各大应用形态与执行环节之中，它是旨在改善教育者、教育中介与教育对象的存在状态，是一种"由下至上"的教育变革，其中牵涉人工智能技术在教育领域的具体应用情景，如智能导师系统、教学管理、教学评估、教育咨询等。就智能化的教育层面来讲，人工智能教育的概念，是源于"自上而下"的人文关怀与制度性边界的超越，旨在从人类的教育精神领域谋求教育教学的总体思想启蒙，从而带来整个人类教育系统的生态化与智慧化。

综上所述，人工智能教育，是指在人工智能技术的基础上促成智能化的教育与教育的智能化在技术空间的社会泛在化过程。从技术与教育的融合视角来看，人工智能教育是现实教育与虚拟教育的综合体，是以"教育对象为中心"的新型教育架构，教育的全过程、全结构都将与智能技术实现立体式的融合，突出教育的真正价值与目的，集中彰显新时代的教育魅力。

二、智能新时代的教育：个性化与人性化并存

人工智能教育是技术、教育与人文的有机结合，它通过技术手段表征教育

---

① 中华人民共和国科学技术部. 智能教育创新应用发展报告[R]. http://president-wx-stage.mofaxiao.com/share.

② 钟晓流，宋述强，胡敏，等. 第四次教育革命视域中的智慧教育生态构建[J]. 远程教育杂志，2015，(4)：34-40.

③ 徐立芳，莫宏伟，李金，等. 智能教育与教育智能化技术研究[J]. 教育现代化，2018，5（03）：116-117+119.

者、教育对象与教育中介在教育活动和教育问题中的新形态，以及体现人工智能赋能教育核心新特征在技术空间中的价值与功能，它让学习者在教学活动中的主体地位得以回归，凸显智能新时代教育"学以御物"与"学以成人"的新内涵。对人工智能教育特征的进一步清晰界定，是探讨人工智能教育的价值、功能与应用的重要基础。

1. 智能化

智能化是人工智能教育的总特征。人工智能教育的智能化特征，是指在智能技术的支撑下，能动地满足教育者与学习者需求的倾向。数据、算法与算力是人工智能教育的核心驱动力。无论是智能教师系统、智能专家系统，还是智能个性化推荐学习系统，都是基于海量教育大数据的智能建模。在模型的泛化过程中，不断地完善人工智能教育系统的功能模块。

人工智能教育，是在海量的教育大数据中迅速挖掘潜在价值的功能系统，借助人工智能技术的试错优势，能够在不影响学生学习的情况下，改善教育环境，提升教育资源的质量，为学校的教学工作带来丰富的情感体验。

2. 个性化

个性化是人工智能教育最重要的特征，它集中突出人工智能教育在实践操作环节的教育价值。人工智能时代，智能数据挖掘、数据分析、数据分类汇总、数据知识图谱的构建、学生数据画像、教师 AI 助手、虚拟学校、隐性课程等都是人工智能技术的"拿手好戏"。人工智能教育，通过运用人工智能平台，有效抓取学习者的学习记录数据，包括学习者的学习习惯、思维方式、学科偏好、知识结构、情感倾向、经济状况等数据（如图 2-1 所示），覆盖学生的学习预备阶段、学习过程阶段与学习结果阶段。最后，再加上横向时间轴上的整个历史学习数据，学习者个人的学习情况将会在智能可视化技术的支撑下变得透明可见，促使学习者个人的学情知识图谱的成形与不断完善。

人工智能教育的个性化特征，对于学习者个人而言，非常有利于提高其学习的积极性和主动性；对于教师而言，有利于教师开展个性化教学与精细化教学方案设计；对于学校管理者而言，有利于实现精准化学生管理。人工智能教育的个性化，关系学习者个人的个性化学习与终身教育体系的构建。

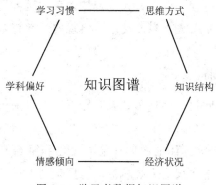

图 2-1　学习者数据知识图谱

3. 人性化

人工智能时代，教育的人性化特征显著。教育，从来都是塑造人的活动，是有目的地培养人的活动。教育的对象是一个个鲜活的人，所以无论是哪个时代的教育，都不能离开教育的人性化发展。但相较而言，人工智能时代的教育的人性化特征更为明显。

人工智能教育，在系列智能技术的帮助下，将教师从繁杂且重复的教学活动中解放出来，智力教育方面的知识性传授可以交给人工智能教育系统去完成，教师将会有更多的时间和精力从事"EQ"方面的教学工作，增强与学生之间的情感共鸣，进而有利于师生之间形成良好的师生关系，有利于理解、尊重、支持、真诚、同情、共鸣、个性化等教育观念得以认真贯彻落实。

将教师从繁杂且重复的教学活动中解放出来，就会更加重视教育的"感情投资"，以情感人，使学生因感到温暖而把学习空间当作自己的"家"，从而形成一个温情脉脉、人人"爱家""报家"的"家庭式"组织。在这样的空间中，在这样的氛围下，学生更容易接受老师的教育[①]。人工智能时代的教育，教育活动过程倾向于参与化与社交化，有利于改善学生之间的关系，增进学生之间的情感交流与价值互动。

4. 协同化

由于受到信息壁垒、数据鸿沟、利益纠纷、权利冲突等因素影响，传统教育的"各自为政"的发展模式较为普遍，教育部门之间、跨部门之间的沟通困难，

---

① 丁艳杰. "以人为本"的人性化教育[J]. 产业与科技论坛，2009，8（05）：179-180.

严重阻碍了教育的发展进程。但是，人工智能教育的诞生，对传统教育的弊端进行了针对性的超越，并基于人工智能技术，将现实的教育与虚拟的教育融为一个有机的"大教育"系统，教育的管理者、教学执行人员、教育对象灵活穿梭其间，具有高度协同化的特征。

人工智能教育的协同化，表现为"教育管理、教育决策、教育教学"三位一体的协同发展，表现为"个人、家庭、学校和社会"贯通的协同发展，也表现为"政、产、学、研、用"为一体的协同智能教育创新平台。总而言之，人工智能教育的协同化，从根本上表现为人与机器的协同化，人机协同是人工智能教育的核心特征。

5. 无边界化

人工智能教育，是一种多空间泛在的教育模式，兼具包容性和开放性两种属性。在智能教育环境中，教育的边界已经突破校园的"围墙"，走向"社会即学校""生活即教育"的开放型教育时空。由于智能空间技术的发展，信息空间逐渐成为课程空间、教学空间，物理空间逐渐成为活动空间、实践空间，教育教学的整个活动过程，已经突破时间和空间的限制，走向超越时间和空间的无边界化存在，教育无处不在、无时不有。

三、人工智能教育的价值链条：一个日益增值的价值闭环

人工智能教育，是人工智能在技术、思维与结构层面赋能教育的结果。从人工智能教育的整体属性来看，智能化、个性化、人性化、协同化与无边界化特征显著。从人工智能教育的价值属性来看，蕴藏于人工智能教育的概念和特征中的社会性价值与个体性价值构成了同一整体的两个方面，反映了人工智能教育与社会发展和个体发展相适应的总方向。

谈及人工智能教育的价值，有必要先理解其含义。人工智能教育的价值，是指以人或社会为尺度来衡量它的存在所具有的功能与意义。换言之，是人工智能教育对人类需求的效益关系。通常意义上讲，人们对人工智能教育价值的追求，实际上是对自身价值的追求，而整个人工智能教育的过程，实际上就是一个价值

日益增值的过程①。而这个"增值"的过程,正是人工智能教育的价值链条逐渐闭环的过程。

人工智能教育的价值链条(如图2-2所示),涵盖人工智能教育的总价值和分价值。总价值也称为宏观价值,是指人工智能教育在整个社会层面上的价值,它不止于某个特定区域的描述,而是对整个教育服务对象的总的价值思考,既关涉教育环节的赋能与教育质量的提升,又关涉促进教育公平与提高国民总体素质。分价值又称为微观价值,按照特定的序列可分为对学生的价值、对教师的价值和对学校的价值。

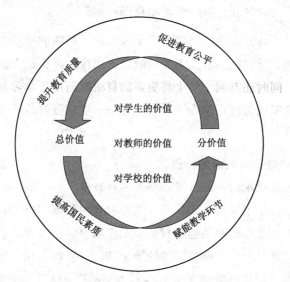

图2-2 人工智能教育的价值闭环

人工智能教育的价值,从分价值到总价值的过渡,是由整个人工智能技术优势转移到教育细分领域而引发的价值深化与社会性延伸的结果。因此,人工智能教育的价值探索与求真,需要历经从微观到宏观的过程。

(一)人工智能教育的微观价值

人工智能教育的微观价值,包括对学生的价值、对教师的价值、对家庭的价值和对学校的价值等。

---

① Jiuyu Xiang. Values of Ideological and Political Education and People[J]. Teaching and Research,2002(12):55-59.

1. 人工智能教育对学生的价值

人工智能教育对学生的价值,孕育于它的个性化特征之中。人工智能教育的个性化特征的关键,是专门针对学生个人进行数据画像和知识图谱的可视化呈现。以数据为基础的人工智能教育建模,是基于学生动态数据的实时分析和动态监测,能够有效、及时、迅速地感知和反馈学生的个性化需求,包括知识需求、情感需求和能力需求等。人工智能教育系统还将会根据学生的需求数据,进行个性化学习任务的推荐、个性化学习方法的培养,以及个性化学习计划的制定,内容将会有机涵盖学生个人的操作性技能与智能性技能的综合培养,具体包括德育、智育、体育、美育和劳育等方面的技能和智慧。

知识大爆炸的智能时代,对于学生个人而言,最缺的就是主动建构知识的能力、进行创造性学习的能力。人工智能教育的出现,将会极大地减轻学生个人掌握知识的压力,同时还有利于学生将更多的自由时间用于学习如何发展自身,也更有利于学生发展成为复合型人才,以便在未来能够更好地适应智能社会发展的需要。

2. 人工智能教育对教师的价值

随着人工智能技术的不断发展,强大的科技基因的"遗传效应"在教育领域遍地开花,并结出了丰硕的果实。人工智能教育对教师的价值,表现为人工智能技术的优势遗传,带来教师角色、权威和工作内容的巨大变化。尤其在教师的工作领域,在传统教育中,教师的工作纷繁复杂,重复性工作占据了教师大量的琐碎时间,虽已筋疲力尽,但却又是不得不为。然而,人工智能时代的教育革命,改变了以往的工作模式。现如今,教师的备课、上课、批改作业、学情分析、个性化方案制定、教学资源的挖掘等,都将能够交由人工智能教育系统,一键轻松解决,教师将有更多的时间和精力投身于价值研判、情感导向与思想引领方向上来。

对于教师而言,人工智能教育不仅使教师获得一定程度上的解放,而且使他们在教学视野和教学方法上得到更多灵活处理的自由空间,教师的核心价值得以发挥。在人工智能时代,智能教育的发展使在传统教育中存在的大多数教育工作逐渐被人工智能所取代,但这种取代并不是完全意义上的取代,而是将教师从知识传授的繁杂工作中替代出来。

千百年来,教师的职责都是"教书"和"育人"同时进行。然而,教师也是骨肉之躯,同样会有筋疲力尽之时。事实证明,在传统的教育中,教师的绝大部分教学时间都耗费在教书上面,而真正的"育人"价值,则被"分数"与"指标"瓜分完毕。所以,以往的教育,教师的育人价值并未完全得以发挥,即使发挥出来,也只能是面向很少的一部分学生。

人工智能教育的发展,使教师的"育人"价值导向,已在突飞猛进的智能技术发展中渐渐得以实现。人工智能教育的到来,人工智能专家系统、人工智能教师、人工智能教育机器人的存在,虽然给予人类教师一定的职业冲击和挑战,但这种冲击并不是有害的,恰恰是人工智能在以新的方式提醒人们,现当代的教育应该改变以往的教育形态,应该回归到教育的本质上来,应该把教育的育人价值放在第一位。

教育的本质就是要培养人,培养符合社会发展与个人发展需要的人。在人工智能时代,"育人"的工作,终于又重新回到教师的手中,而不再像以往那样,以社会的惩戒制度为育人的终结手段。

人工智能时代的教师的育人价值,主要以引导学生实现人生价值为评判标准,以促进学生成长、活出个性色彩为育人的主旋律。在育人的过程中,教师能够借助智能技术工具,发现学生的特质,采取针对性的育人方法,帮助学生挖掘自身的优势与价值,解放学生的个性,让每个学生都在"因材施教"中"学以成人"。

教师在教育价值转向时,面向学生的教育内容也发生巨大变化,开始从传统的"讲授知识"转化为培养学生的结构思维能力、创新思维能力、批判思维能力、协作能力、发现美与欣赏美的能力,以及将理论运用于实践的能力等。通过培养学生的系列能力,提升学生整体的发现问题、分析问题与解决问题的综合能力。届时,学生将能够在各种复杂环境中进行独立思考、迅速获取知识、感知情感、建构新的认知、知识迁移与应用等,从而成为一个"德智体美劳"全面发展的人,一个严格意义上的"完整的人"。

从目前的人工智能教育发展阶段来看,人工智能教育的智能化水平还比较低,不足以支撑人工智能教师在"教书"领域完全取代人类教师,而是以最初的助手身份上阵。因此,人工智能教育对于教师的价值,还体现在通过帮助教师智能分析学情与学生的个性化数据,助力人类教师实现精准教学。

人工智能教育,还可以帮助人类教师提高整体的科研水平。大数据和人工智能时代,数据的累积为实证研究提供必要的前提,从而引发教育领域的新一轮科研热，进而促进教育科研领域的量化考核与质性分析双重结合，有效帮助人类教师挖掘更多有价值的数据信息。如今，优秀教师的评选，已经开始倾向于会使用人工智能的教师，更倾向于熟练使用人工智能的教师。

3. 人工智能教育对家庭的价值

人工智能时代的教育，从家庭视角来看，最重要的价值体现在"陪伴"价值。自90后出生以后，整个社会生活大环境的节奏变得非常快，父母与孩子之间的相处与陪伴的时间明显减少，孩子在成长的过程中，非常期待得到父母的陪伴，但由于客观条件限制，或者是孩子走进校园之后，彼此之间的联系与陪伴越来越少。这一困局最终演化为家庭教育缺失的问题。

然而，自人类进入人工智能时代以来，随着人工智能教育的发展，家庭教育的困局逐渐找到出路。人工智能教育助力家庭教育，是通过儿童家庭教育机器人和学校智能教育家长端两个渠道得以实现。

儿童教育机器人进入家庭，主要是以对话的方式陪伴儿童的成长与发展。一方面，以人工智能技术为基础的儿童教育机器人，能够根据儿童的发展阶段，提供必要的智能对话、趣味互动、协同游戏、同声传译等，让最怕孤独的孩子，在成长的过程中随时可以获得温暖的陪伴与优质的家庭教育。另一方面，在家庭教育中引入人工智能教育机器人，能将家长从辅导孩子做作业的工作中解放出来，有更多的时间和精力关心孩子的身心健康发展，有更多的时间陪伴孩子。

从学校智能教育家长端来看，人工智能教育其实是借助人工智能技术手段，打通了学生因为进入校园而导致的与家长的情感隔离，家长能够借助人工智能教育的家长端口，更为全面地了解学生的学习动态、思想倾向与行为习惯，从而促进家长与学生之间的有效沟通。譬如，科大讯飞公司的智学网家长端，便能凭借其强大的数据统计与数据可视化优势，引起家长对孩子的学校生活的积极关注，从而提升家长对家庭教育的重视，也可以助力家长了解孩子在学习方面的真正需求。

4. 人工智能教育对学校的价值

学校引入人工智能技术，改造升级整个教育系统，对于学校的教育教学活动意义重大，最为关键的价值在于促进学校管理的科学化。管理的核心在于精准决策，精准决策的关键在于决策数据的"结构理性"。人工智能技术之所以能够赋能教育，是因为扎实的教育信息化基础。2018年4月，教育部已正式发布《教育信息化2.0行动计划》，国家对教育信息化的发展又开始新一轮的战略布局，届时将对教育数据结构、教育数据共享机制、教育数据的保密协议、教育教学知识产权等方面进行有效完善，给学校的教育教学管理带来极大的便利。

截至目前，在教育信息化政策的引领下，全国各级各类学校在信息化基础上逐渐实行教育智能化转向，"智慧校园"的格局正在形成，同时学校的人工智能教育系统的感知能力也能迅速升级。在不远的将来，人工智能技术全线覆盖学校的各个角落时，学校的管理工作将变得非常智能，学校的教学管理、安全管理、学籍管理、学情分析管理等活动都将实现智能控制，最终实现学校教育管理的现代化。

（二）人工智能教育的宏观价值

从宏观上看，人工智能教育的价值，既关涉教育环节的赋能与教育质量的提升，又关涉促进教育公平与提高国民总体素质。

1. 赋能教育环节

人工智能教育，其智能化的总特征最显著的地方表现在教育环节的赋能。各种类型的教育，从教学视角上看，归纳起来，一般环节包括五个：备课、上课、布置与批改作业、课外督学、学业成绩考评与反馈。人工智能技术赋能教育环节，其实就是让"五个"基本的教学环节变得智能。如备课环节，教师的教学方案、课程计划、课件制作等工作，都可以基于智能挖掘技术，到各大网站和数据库收集相关的共享资料，这样不仅节约了制作时间，还给教师完善备课内容以大量时间，使得备课的质量越来越高。再如布置和批改作业环节，无论是主观题还是客观题，都能实现智能批改，定理证明、智能学习博弈、求解微积分、智能行为演示、智能速记、智能翻译、语音合成、智能写稿等，样样精通。

2. 提升教育质量

教育质量是一种关于教育效果的衡量指标，是诸多教育因素作用于教育对象之后产出的效果的总和。教育对象的学识的多寡，是教育质量的集中体现。教育环节、教育方法、教育管理、教育制度、教育内容、教育环境等，都是对教育质量产生影响的因素。这些有利于提高学生学习效果的因素在人工智能技术的作用下都将实现智能化转向。人工智能技术的引入，能够有效识别限制教育质量提升的因素，并对其进行智能控制和调节，在提高教育效率的基础上，促进教育的"高质量发展"。

3. 促进教育公平

习近平总书记在向 2019 年的国际人工智能与教育大会致贺信时指出:"中国高度重视人工智能对教育的深刻影响,积极推动人工智能和教育深度融合,促进教育变革创新,充分发挥人工智能优势,加快发展伴随每个人一生的教育、平等面向每个人的教育、适合每个人的教育、更加开放灵活的教育。中国愿同世界各国一道,聚焦人工智能发展前沿问题,深入探讨人工智能快速发展条件下教育发展创新的思路和举措,凝聚共识、深化合作、扩大共享,携手推动构建人类命运共同体①。"可见,人工智能赋能教育,对于促进教育公平具有重要意义,关系"人类命运共同体"的构建进程。人工智能教育中蕴藏的教育公平的价值,其核心思想是"把一切有价值的知识教给一切人"。人工智能时代,关于解决教育公平问题的实践已经开始,从"单师模式"向"双师模式"的转化,再向"多师模式"的突围,为全国各地的学生提供了优质的教学课程。国家"三通两平台"的建设落成,是人工智能技术在促进实现教育资源公平辐射全国的典型案例,人工智能技术促进教育公平发展,实现价值变现。

4. 提高国民素质

国民素质是一个综合的概念,它包括了很多方面,具体可以分为"三类八种":三类素质是指自然素质、心理素质和社会素质;八种素质是指政治素质,思想素质,道德素质,业务素质,审美素质,劳动素质,身体素质,心理素质②。概括而言,国民素质包括个人素质和集体素质。教育是国民素质养成的基本渠道。随着人工智能教育的不断发展,其实践与应用日趋成熟,意味着人工智能技术对于赋能教育环节、提高教学质量、促进教育公平的价值更大。从整体上来说,人工智能技术进入教育领域,将会把教育建构成一个开放且包容的巨型教育系统,学习型社会得以构建,终身教育体系得以形成,教育的内容涵盖国民素质教育的方方面面,完善的个人人格得以塑造,教育对象的"全面发展"的可能性极大提高。同时,爱国主义教育、集体主义教育、伦理道德教育也得到发展。最终,关于人工智能教育与国民素质的内在结构走向和谐,从整体上促进了个人素质与集体素质的有机统一,国民素质得到大幅度提高。

---

① 新华网. 习近平报道专辑. 习近平向国际人工智能与教育大会致贺信. http://www.xinhuanet.com//politics/leaders/2019-05/16/c_1124502111.htm.

② 百度百科. 国民素质[OL].(2019-9-26)[2019-10-9]https://baike.baidu.com/item/%E5%9B%BD%E6%B0%91%E7%B4%A0%E8%B4%A8/8589150? fr=aladdin.

第三章

难言之隐：传统教育的诉说

教育资源短缺：教育公平问题突出
"因材施教"：一个停留在理论层面的原则
以教师为中心：造成教育的"人学空场"
知识更新速度快：教育与社会发展脱节
"李约瑟难题"与"钱学森之问"：重思我们的教育

哪里有问题，哪里就有需求，问题就是需求的不满足。如今，以应试教育为代表的传统教育，在素质教育的呼声中"声名扫地"。然而，传统教育并没有就此直接向素质教育转型，也没有宣告退出历史舞台，而是在现实中形成了"以素质教育为辅，以应试教育为主"的教育结构。可见，传统教育的实际力量仍然在主导着整个社会的教育走向，并没有因为素质教育的发展而停滞。但不可否认的是，在素质教育的发展过程中，传统教育的弊端已越来越凸显。

一、教育资源短缺：教育公平问题突出

所谓教育资源短缺，是指由于受到教育主客体资源条件的限制，教育对象在资源的获取与权利的享有中出现供给不足，或是在供给与需求的对比中感受到的资源丰富程度的现实差距。所谓教育公平问题，是指教育对象在教育机会的公平占有中遇到特定阻力（如社会阻力、家庭阻力和政策阻力等），导致在"静态"领域或"动态"领域中的资源分配出现不均衡的问题，包括机会公平问题、过程公平问题、结果公平问题等。

教育资源短缺与教育公平问题看似没有联系，实则当教育资源短缺问题发展为局部地区问题时，教育的公平问题也就随之产生，并且由地域演化而来的公平问题，最终会导致教育个体之间的资源分配不均。一般来讲，教育的公平问题直接表现为教育的机会公平问题，而贫富差距问题又是直接导致教育机会不公平的直接原因。因此，教育的公平问题，其本质上是由于教育对象本身的贫富差距问题而引起的资源分配不均的问题。

改革开放以来，中国的城市化进程快速推进，城市和农村迅速发展。但也随之出现一些社会问题，其中城乡差距问题逐渐引起社会关注。在过去很长一段时间，建设工业大国、工业强国的梦想，一度引领全社会牺牲农村、牺牲环境，重点发展城市工业。在此过程中，城镇经济发展成效显著，但也给社会的发展留下了"后遗症"，教育的城乡差距问题，便是受该"后遗症"的影响所致。城市教育和乡村教育的发展，本来是两条会相交的线，在发展的过程中走向"城乡教育一体化"是理想的目标，但因受限于各种因素（如资源、政策、文化等因素），拉开了彼此的差距。

我国教育的城乡差距问题，表现为发展不平衡问题：在较为发达的大中型城市，其教育资源丰富多元，与城郊的差距较大；在发展较为缓慢的西部地区，城乡教育的差距相对较小；但若是将沿海的城市教育与西部山区的农村教育相比，差距问题则更加严峻。

如今，在西部贫困山区，教育的重点仍然是抓智育，"识文断字"是教育活

动中最基本的构成要素。而与之相对应的东部沿海城市，教育的发展是为人的全面发展服务的，在培养学生智力的同时，更加强调学生"德智体美劳"的全面发展。这就不难看出，在近年的高考中，像"清北复交①"这样的重点大学的招生总体人数中，贫困山区的学生占比数据很小是有原因的。

教育的城乡差距问题，值得进一步深思。在城乡二元结构的发展环境中，一系列的教育问题不断延展，从家庭、学校到社会，都能体会其间的微妙差距。就家庭层面而言，在农村家庭与城镇家庭的对比中，他们教育孩子的理念显然是不一样的，即使重视程度一样，农村家庭也会受到文化教育资源少、家长的文化程度低（知识的代际传递）、家长的社会关系网络狭窄等因素的限制，很难与城镇家庭相竞争。而且最容易造成学习与实践相脱节的，还要数农村家庭，因为社会的主流文化在城镇，生活环境与学习环境的疏离，易于引起学生的不适应。当然，即便是城镇内的不同家庭，也存在如此问题，但其相对差距较小。

就学校与社会层面而言，城乡教育资源的不对等问题也较为突出。单从教育硬件设施这个方面看，城市与农村，东部、中部与西部地区，特别是东部沿海城市的教育硬件设施，就远比农村教育基础设施要好上几个等级。工业化与信息化互补发展的城市，教育基础设施改进与提升迅速，这与城市的教育需求不无关系，有经济与技术作为支撑，有市场作为导向，城市的教育基础设施很快就达到了国家教育的现代化水平。但是，农村与偏远的西部地区，情况有所不同，即便是今日，学生上信息技术课还需要多人共享一台电脑设备，实验课很多还停留在理论层面，用以支撑学生做实验的平台尚未建成。

教育的资源短缺问题，在根源上是城乡二元结构的历史遗留问题，其不良的社会反应，将导致教育不公平问题的出现。其间，具备"天时地利人和"的人群，可以优先享有有限的教育资源。这种有限资源的享有，最终会演变为教育的不公平竞争，与教育的初衷和使命有一定的偏差。

可见，造成教育资源短缺与教育不公的原因是多样化的，但主要是由于经济的地域发展差异所致，其余如地区资源的配置偏向、国家财政的投入不足、教育政策的不尽合理等问题，都只是在一定程度上造成区域性教育资源短缺。为此，社会各界一直在探讨教育资源短缺问题的救济路线，全面普及义务教育、山区支教、慈善捐赠、修建学校等多维并举。但发展至今，教育资源短缺问题依然

---

① "清北复交"：清华大学、北京大学、复旦大学、上海交通大学。

严峻。

因此，需要所有关心教育的各界人士，重新审视该问题的存在。是否真正存在一条新的路子，可以进一步化解这种资源与机会上的不平等问题，哪怕是再进步一小步，其价值亦是全国性的受惠。

二、"因材施教"：一个停留在理论层面的原则

"因材施教"是一个非常核心的教学原则，是指教师在教育学生的过程中，要根据学生的个性特征进行教学。太阳下没有两片完全相同的树叶，世界上没有两个完全相同的人。每个学生都是唯一的，无数个唯一构成的社会群体，才会是多姿多彩的、丰富多样的。即便是同样的家庭环境，即便是双胞胎，其发展亦会存在很大差异。从教育学维度看，遗传因素、环境因素、学校教育与主观能动性等因素，是影响学生个人发展的四大重要因素。由于每个学生受到各个要素的作用与力度不同，因而在知识、情感、能力、性格、爱好、道德修养、意志水平等方面表现出明显的个体化差异。

换言之，采用同样的教育方式"按部就班"地走下去，忽视每个学生学习能力的差异性，很大程度上只能算作是完成教育任务，实则没有走进学生心里，也没有实现教育的价值与教育目的。因此，若能真正实现教育的"因材施教"，于学生而言，意义非凡；于教师而言，功勋卓著。

早在2500年前，孔子就已经认识到因材施教的重要性，并将之付诸教育实践。现在看来，这是一个多么伟大的创举，有着贯穿历史的惊人穿透力。人们常说，教育是一项专门的职业，普遍性与特殊性共存。说它普遍，是因为它的存在，与其他千万种职业存在共性，都可以理解为某种谋生的手段，或者是教人谋生的手段。说它特殊，是源于它所服务的对象具有特殊性，是一项"教人做人"的工作。每个人都是社会的一员，所以从事教育事业的工作者，在理论上不能对学生进行有选择的放弃，而是需要对每个学生进行有选择的教育。

关于因材施教，在《论语》之《先进篇》中，有这么一段佳话，将其反映得淋漓尽致。有一天，孔子上课结束回到"休息室"，当学生公西华正给孔子盛水

时，子路（仲由）与冉有分别而至，都问了孔子同样的问题，但是孔子给的答案各异，公西华非常困惑，便问老师这是何故，具体细节如下文：

子路问："闻斯行诸？"子曰："有父兄在，如之何其闻斯行之？"

冉有问："闻斯行诸？"子曰："闻斯行之。"

公西华曰："由也问闻斯行诸，子曰，'有父兄在'，求也问闻斯行诸，子曰，'闻斯行之'。赤也惑，敢问。"子曰："求也退，故进之；由也兼人，故退之。"

仔细分析，孔子与子路、冉有、公西华师徒四人的对话充满了智慧的闪光点。同样的问题，所得到的答案却是不同的。在公西华的疑问与孔子的智慧解答的对比中，反映出孔子对于学生是非常熟悉的，知道学生的优点与长处的同时，也知道学生的弱项与不足，故能因材而施教。听完讲解，学生公西华恍然大悟。

语境变换，如若当时"两个学生"先问公西华这个问题，恐怕答案就很难体现出因材施教的智慧。因此，反思因材施教的执行语境实施起来难免困难重重。教育事业发展到如今，教育体制、授课方式、教学场景、教学方法都有所固定。学校作为教育的主要场所，其适应性明显不足。学生年龄与学习能力的不断变化，发展过程呈现出流动性的特征，幼儿园、小学、初中、中专、高中、大专、职业学院、大学、研究生等，每个阶段遇到的教师不同、环境不同，且教育呈现规模化和固定化特征，教师很难同时兼顾教学质量和教学效率，只能以"分数"作为最直接的评价指标，讲求集体分数的上涨，对于个体而言，很难做到个性化关照。本质上，这是流动性与固定性的冲突所致。

学校的授课场景，基本是大班式班级授课制，教师与学生之间是"一对多"的关系，时间紧，任务重，在完成教学任务之余，很少有时间去留意每个学生的特殊境遇。再加上学生的个性化差异非常明显，且极具变化，更是加重了教师实施因材施教的难度。在长时间的教育跨度中，教师与学生的关系也表现出不稳定性，不同教学阶段的老师自然要更换，因为让中学老师给研究生上课，这本身也是不现实的。回看孔子因材施教的教育语境，"孔子弟子三千，达者七十二人"，且这些学生多数是终生追随孔子，这是一种非常稳固的师生关系，教师自然很容易掌握学生的个性与脾气，但是现如今的环境则不允许。

就因材施教本身而言，由于关涉教师素养、应试教育指标、师生的不平等地位等因素，实施过程纷繁复杂。教师对学生之"材"的判断局限于教师的经验与想象力，刻板地因材施教，学生很容易成为"教师想要培养的人"。但这样的人不是创新的人,也不是学生想要成为的人。因为因材施教蕴含着的潜台词是学生和教师的不平等关系,教师是先行的觉悟者、知识和真理的掌握者,真理需要教师教给学生。超越因材施教则认识到学生在逐渐发展,教师即使年纪较大、经验丰富,但教师也在发展中,教师并不完全掌握真理①。

如此看来,因材施教的落地实施未免太难,因为涉及的影响因素过多,从根本上关系到教育理论、教育方法、教育手段与学生实际的综合考量。如果不能做到理论与实践在历史与现实逻辑上的统一,那么因材施教的实施便会与学生的身心发展规律、对学生实施教育的规律不相符合。

不能否认的是,在过去这么多年里,应试教育、班级授课制、唯分数论、"跟班走"的这种教育模式,为我国的经济腾飞培养出无数的职业人才,做出过巨大贡献,至少截至目前来看,它是利大于弊的。但如果在智能新时代,可以将"弊端"的危害降到更低,我们的学校,我们的教师,可以借助一些技术化的手段和方法尽量做到因材施教,那么我们为什么不提前去做到这一点呢?

"因材施教"的本质是"知人善教,各尽其才",虽在历史的长河中形态各异,但演化到今天,我们可称其为个性化教育、定制化教育、柔性化教育等。万变不离其宗,因材施教主要还是强调教育要因学生而异,"对症下药"。因材施教,讲究引导学生走出去,又要返回自己的内心,去探寻与发现具体情境中那个不一样的自我,只有找到真实的自己的人,才能与自己的世界和解,才能与外面的世界达成共识,才能在追寻中形成批判与创新精神,从而走向更好的未来。

三、以教师为中心:造成教育的"人学空场"

以教师为中心,是传统教育的显著特征,有其特定的历史渊源。中国是一个农业大国,传统的农业社会,是一个"重农抑商"的熟人社会,"安土重迁"的思想观念深入人心。熟人社会,依靠血缘和地缘维系着一个群体成员之间的关系,人与人之间的交往无须过多的专业背景知识。人们之间的教育活动多数是围绕农业生产经验而展开的,如对一年四季的气候变化的掌握,对"春耕、夏种、

---

① 卢晓东. 超越因材施教[J]. 教育学术月刊,2014(10):3-17.

秋收与冬藏"技能的经验传授等,构成农业社会教育活动的基本内容。

若要从狭义的教育来界定,在传统的农业社会,大部分人都没有接受过教育,而真正接受过教育的人,只是上层阶级的人,或者是书香门第。在这样的时代背景下,通常来讲,人们对于那些制约着自己而又无法对其进行深入了解的智慧心存敬畏。因此,从平民百姓的角度来看,对文化知识的敬畏感,正是源于他们深受来自上层知识分子的制约,让他们产生一种思想——只要能够掌握知识,自己也能成为上层人士。随着社会生产力的发展,社会生产劳动日趋复杂,在国家统治队伍不断壮大的前提下,下层社会向上层社会跃升的渠道也日渐开放,通过读书求取功名利禄,改变社会阶层,不失为上上策。

既然要改变命运,那首先就要拜师学艺,"无师自通者"少之又少。所以,教师作为一个专业代表登上历史舞台。"师者,所以传道授业解惑也。"教师是明白道理的人,是有渊博知识的人,是知书达理的智者。相比较而言,他们比无知者多了更多看世界的角度。所以,他们能够得到社会的特别推崇和敬重,就变得理所当然。这就是传统"师道尊严"的来源,也是教育活动形成"以教师为中心"的早期文化的原因。在这段时间里,学生的无知,确实需要"以教师为中心",才有利于他们学到更多的知识与智慧。在该教育特征形成的早期和中期,"以教师为中心"确实对社会人才的培养发挥过重要作用。

然而,随着教育的不断发展和教育水平的不断提高,"以教师为中心"的观念不断招致批判,并在近年来的激进教育改革思想中被作为改革对象提出,要重新认识该问题,要让学生在教学活动中回归——呼吁"以学生为中心"。

"以教师为中心"反映的是一种权威文化,包括教师权威、知识权威、教材权威等,按特定序列,是源于人们对知识的尊重和敬畏,产生了对教材的权威性的认可,进而演化出教师权威。

因此,近年来教育界对教师权威的批判,其本质是对知识权威的批判。由于知识获取渠道的多元性、知识的价值变现困难,又或是受到某些"读书无用论"思想的影响,知识的权威性、知识的教师独占性局面逐渐被打破,自然而然,教师的权威性也就开始遭到质疑。

更深层面,以教师为中心,容易造成教育的"人学空场"——这是其遭受批判的根本原因。对于教师的权威而言,它的价值不言而喻,但是当它的存在开始阻碍学生发展时,让学生不喜欢课堂之后,学生人到心未到的"人学空场"就形成了。在这样的课堂上,学生可能已经开始萌生"混日子、拿文凭走人"的想法,对于探索与建构新知识,那都与自己无关,这也许将是教育活动中存在的最大不幸。

当人们的教育思想逐渐发展完善之时,便越发明白教育的价值在于引导学生进行自我教育。学生在自我教育的过程中,希冀建构一个能够进行自我反思与自我成长拥有独立人格的人。因此,与"以教师为中心"相对立的一个观点,"以学生为中心"的观点,深受关注。此时,教师势必要进行某种角色的转换,需要以一种新的形象重新出现在学生面前。当然,这在短时间内是很难做到的,要等上一段适应的时间才行。

总而言之,在新的时代背景下,以教师为中心,以教材为中心,学生只能被动地接受知识,社会神经是反感的。"唯知教育""唯分数教育",只会进一步磨灭学生的创造性和批判性思维,要培养学生兼具"独立之精神,自由之思想",是缺乏科学性的。

历史上,"学而优则仕"的教育选拔功能,要求学生能够掌握死板的史书典籍,才会受到官府重用。但放眼现在,社会对学生的要求却不在于此,而是集中于考察一个学生在特定的环境中发现问题、分析问题和解决问题的能力。所以,今日之教育改革,势必要关切学生的主体地位的回归,不平等的师生关系需要纠正,让学生成为学习的主体,让教师成为教学活动的规划者、设计者和引导者。

改,是目标;怎么改,是手段。智能时代,教育改革怎样进行,才能跟上时代发展的脚步,更是需要探讨的问题。

四、知识更新速度快,教育与社会发展脱节

我们生活在一个知识大爆炸时代,知识的更新速度惊人,知识的边界不断向外扩展,知识的结构不断出现新的裂变,知识的半衰期正在日渐缩短。

知识半衰期是指一个新知识,在某个时间段内,由有用到无用,由崭新到陈旧的变化过程,它反映的是某些知识的价值随时间的推移而递减的效应。知识折旧定律认为,如果你一年不学习,你所拥有的全部知识会折旧 80%。更有资料

显示,"以每年6%～10%的速度更新知识、更新思路,才能适应未来社会的需要",这并不是危言耸听①。

有研究表明,人类进入19世纪后,知识的更新速度是50年翻一番;进入20世纪初期,知识的更新速度是10年翻一番;进入20世纪80年代末期,知识的更新速度是3年翻一番;进入21世纪初期,知识的更新速度是一年一番,甚至更快……知识大爆炸时代,也是一个知识经济时代,能够迅速跟上知识更新速度的人,更能适应社会的发展变化。从上述对比中得知,过去数百年的知识积累,可能不及当下短短一年或者几个月时间的积累量多。知识每天都在更新与迭代,人人都是知识的创造者、分享者和受益者。

《礼记·大学》中说:"苟日新,日日新,又日新。"意思是说,对于自己的知识,如果能够更新一天,就应该天天保持更新,在更新的基础上,还要继续更新。古人尚且如此,如今的智能时代,人们更应该如此。

总的来讲,知识更新速度,是教育系统中最为关键的知识要素。那么,我们的教育系统,是否能够快速适应这个快节奏的变化呢?这个问题非常值得深思,因为它直接关系到教育的质量与效果。

社会的快节奏文化,快餐、外卖、快递、咖啡厅、滴滴快车等,无不都在体现社会节奏的"快属性""快生活""快文化"。快文化氛围的形成,是每个人共同加快生活、工作与学习节奏的结果。因此,为了回应"快文化",教育体系也要跟上节奏,但从目前人们的批判态度中,不难得知改革的进展似乎不尽人意。

社会是一个复杂巨系统,它的复杂性决定了人才培养的多样性与系统性,单方面的知识教育远不能达到此要求,而真正在全面发展方面下过功夫的人,在与他人的社会竞争中,注定会有更多的机会优先胜出。原因很简单,在相同的条件下,他们能够在更短的时间内创造更多的社会价值与个人价值,这应该才是"快节奏"教育改革所要达到的目标。

社会知识更新速度快,教育系统知识更新速度慢,造成的教育与社会发展脱节,最终也需要教育工作者认真反思。从教育发展进程来看,其始终是社会发展的一个缩影,在时间向度上确实有一定的滞后性,因为教育受限于社会的生产力

---

① 百度百科. 识折旧定律[OL] [2019-08-03] https://baike.baidu.com/item/%E7%9F%A5%E8%AF%86%E6%8A%98%E6%97%A7%E5%AE%9A%E5%BE%8B/6870457? fr=aladdin.

水平、社会的经济政治制度。因此，教育的这种脱节问题，在核心层面，其实是"农业文明与工业文明的冲突，工业文明与智能文明的冲突"在教育环境中的表现，其诱因是极其复杂的，涵盖理论与实践的关系问题、人与自然的和谐问题、人与人的平等问题。

学校教育，始终离不开"学校"两个字。相较于社会而言，学校更像是一个象牙塔，所谓的"学、知、行"的观念，大部分也只是适合于"学校"。学校教育，重知识教育与理论教育，但实践课程却很少，这是教育环境中理论与实践脱节的重要原因。学生学到了知识，但对于如何将知识进行情景化应用、如何结合已学到的知识进行创新，这却是一个经常被忽视的问题。譬如，目前很多高校明显存在着教育内容与企业人才需求脱节、与社会人才需求脱节的痛点，特别是那些在学校单纯热衷于理论学习的学生，由于缺乏社会实践经验，毕业后很难适应社会的要求。

此外，目前的教育课程体系还不够健全。传统教育所倡导的"以人为本"的教育价值理念，重点是以培养学生的"智商"为本，至于学生的"情商"，在学校没有得到很好的培养。自然而然，学校的教育课程，其重心当然是围绕培养学生的"智商"而设置的。本来，在教育的课程中，包含"政史地、物化生、语数英"等课程之余，还应该包括人格教育、精神教育、人生意义教育、社会技能教育、家庭观念教育、婚姻教育、社会关系教育、伦理道德教育，以及对"求富有道即合德"的财富观教育等，但事实非如此。现有的教育课程体系，并没有将学生看作是一个整体、一个拥有完善人格的人，而是把学生看作一个需要割裂开来的改造对象。

关于"脱节"，还要谈及教师的专业素养、教学资源的筛选与学生的学习能力。科学技术突飞猛进地发展，催生日新月异的社会需求，要求学生知识结构的更新要严格符合社会标准，这才有益于克服"脱节"问题。但事实上，行动起来非常困难。智能时代，很多教师长期与学校外面的社会分离，本身的教学思维与教学内容很容易受到学校环境的限制，囿于如此局限，这样的教师自然很难培养出优秀的学生。邓小平同志曾指出："一个学校能否为社会主义建设培养合格的人才，培养德智体全面发展、有社会主义觉悟的、有文化的劳动者，关键在教师[1]。"事实就是如此，一个好老师，确实能够带出好学生，这就是为什么现如

---

[1] 邓小平. 邓小平文选(第2卷)[M]. 北京：人民出版社，1983：236.

今要提倡"四有好老师"的缘故。

另外，在教育资源方面，也存在较大筛选难度。仅教材的编撰工作，就已非常耗时费神，从编撰到出版，再到教材的修订与选为教学用书，需要很长一段时间。但在这段时间，其实有些课程很多的教材内容已经过时。如此一来，就需要教师在上课的过程中，重新花费大量的时间和精力去修正和查找相关的最新信息。

最后，学生学习能力遭到侵害，跟不上时代步伐。特别是当众多知识大量集聚时，信息的参差不齐、数据的交叉互现、知识的碎片化、学科藩篱、智能产品的消极价值等因素，对学生学习的积极性和主动性影响很大。以智能手机为例，关于智能手机与学生学习能力的关系问题，值得大家深思。在智能技术飞速发展的时代，智能手机的功能"五花八门"，学生深陷其中不亦乐乎，对学生的学习产生重大影响。更为重要的是，当手机与学生相关联时，人们就会主动联想到"玩游戏"，而不是想到学习。可见，在智能时代，智能元素嵌套进入教育活动，带来便捷之时，也在消耗学生的学习精力，减弱学生的学习能力，急需正确的价值引领。

如果有一天，教育知识的更新速度跟上时代的步伐，学校教育与社会教育不再严重地脱节，社会将是怎样的？学生又将是怎样的？这样的未来富有魅力，时刻吸引着我们在智能新时代共同去探索未来教育之路。

五、"李约瑟难题"与"钱学森之问"：重思我们的教育

20世纪30年代，英国著名学者李约瑟在研究中国科技史时，在其皇皇巨著《中国科学技术史》中提出"李约瑟难题"。问题一经提出，便在全世界范围内引发了激烈讨论。2005年，国务院总理温家宝在看望著名科学家钱学森时，钱老发问："为什么我们的学校总是培养不出杰出的人才？"钱老的这一发问被称之为"钱学森之问"，同样引发了广泛的社会热议。

无论是"李约瑟难题"，还是"钱学森之问"，虽然他们看问题的立足点不同，但都涉及中国近现代以来的科技、教育、人才培养等问题。问题的提出能够引发巨大的社会反响，一方面是基于两位学者的社会影响力，另一方面也是因为

这两个问题正好命中我国科技、教育、人才培养等方面的要害。因此，能够引发社会各界的强烈共鸣也在情理之中。

仔细考察这两个问题，它们的核心都关系到人才匮乏的问题。深度回归本质，与之最为相关的还是教育领域。百年大计，教育为本，没有好的教育，就不可能培养出高质量的人才，国家的"硬实力"和"软实力"都会受到影响。人才是第一资源，国家的发展靠人才，科学技术的发展靠人才，经济社会的发展靠人才，而人才的培养靠教育。因此，"李约瑟难题"，其本质是在问："近代中国为什么没有出现顶尖的科技人才？"

对于"李约瑟难题"，李约瑟在卷帙浩繁的《中国科学技术史》中有过一些解答，可大致将其归结为三点：第一，中国社会是农业社会，过于注重经验和实用；第二，中国没有具备宜于科学成长的自然观；第三，科举制扼杀了中国人对探索自然奥秘的浓厚兴趣。

而对于"钱学森之问"，钱老虽然没有给出自己的答案，但他的问题却留在全国人民的心中。无数人对于这个问题的追问与解答，众多学术团体对此乐此不疲的关注，国家教育工作者对此数年的沉思等，都将垒成人们关于该问题的独到见解的一部分。

目前，这方面的研究成果很多，理论思路也很完备，但总的来说，人们目前主要还是站在理想层面进行的。在实践层面，执行力和行动力却是不足的。批判只有与实践相结合，这样的批判才会被认为更有价值。

理想是美好的，前途是光明的，但道路却是曲折的。对"李约瑟难题"与"钱学森之问"这两大世界难题来说，我们都期待的是，在未来的教育中，这两个问题彻底成为历史！

回归教育领域，人才的培养关键靠教育，教育的基本着力点在学校。学校教育是狭义教育的代名词，但也从根本上反映一个国家的教育水平。那么，对于我们的教育，发展水平到底有多高，我们从一组诺贝尔奖颁奖统计数据中便可得知答案。

根据全球诺贝尔奖获得者最多的 30 所大学[①]统计数据显示，美国的哈佛大学

---

① 个人图书馆. 育则维善余言. 全球诺贝尔奖获得者最多的 30 所大学[OL]. http://www.360doc.com/content/19/0321/04/19446_823043081.shtml.

总计获得诺贝尔奖158次，稳居世界第一。英国的剑桥大学总计获得诺贝尔奖118次，稳居世界第二。世界第三、第四、第五名分别是美国的加州大学伯克利分校（获得诺贝尔奖107次）、芝加哥大学（获得诺贝尔奖98次）、哥伦比亚大学（获得诺贝尔奖96次）。从全球诺贝尔奖获得者最多的30所大学的排名来看，美国、英国与德国的大学，科研实力与研究水平处于世界前沿（如表3-1所示）。值得注意的是，根据教育部最新数据统计，截至2019年6月15日，教育部公布的全国高等学校共计2 956所，但没有一所大学进榜。

表3-1 全球诺贝尔奖获得者最多的30所大学（1901—2018年，只展示前30名）

获得人数排名	大学名称	大学所在国家	诺贝尔奖获得总数	物理学奖	化学奖	生理学或医学奖	经济学奖	文学奖	和平奖
1	哈佛大学	美国	158	34	37	41	30	8	8
2	剑桥大学	英国	118	34	31	30	15	5	3
3	加州大学伯克利分校	美国	107	33	30	17	24	3	1
4	芝加哥大学	美国	98	32	18	11	32	3	2
5	哥伦比亚大学	美国	96	33	15	22	15	5	6
6	麻省理工学院	美国	93	35	15	12	30	0	1
7	斯坦福大学	美国	83	26	13	16	26	2	1
8	加州理工学院	美国	73	29	17	21	6	0	1
9	牛津大学	英国	69	14	17	18	10	5	6
10	普林斯顿大学	美国	65	27	9	4	19	5	1
11	耶鲁大学	美国	61	8	10	14	22	4	3
12	康奈尔大学	美国	58	21	12	14	5	4	2
13	柏林洪堡大学	德国	55	14	21	12	1	5	2
14	巴黎大学	法国	50	15	9	10	4	6	7
15	哥廷根大学	德国	45	19	16	8	0	1	1
16	慕尼黑大学	德国	42	13	19	9	0	1	1
17	哥本哈根大学	丹麦	39	19	7	8	3	2	1
18	约翰霍普金斯大学	美国	37	4	8	16	5	1	3
18	纽约大学	美国	37	3	4	12	14	2	2

续表

获得人数排名	大学名称	大学所在国家	诺贝尔奖获得总数	物理学奖	化学奖	生理学或医学奖	经济学奖	文学奖	和平奖
20	洛克菲勒大学	美国	36	1	10	25	0	0	0
21	宾夕法尼亚大学	美国	35	4	10	10	11	0	0
22	伦敦大学学院	英国	33	4	7	19	21	0	0
23	苏黎世联邦理工	瑞士	32	11	17	4	0	0	0
24	伊利诺伊大学厄巴纳-香槟分校	美国	30	1	5	11	3	0	0
25	明尼苏达大学	美国	29	7	4	4	12	2	0
26	加州大学圣地亚哥分校	美国	27	5	9	10	3	0	1
26	海德堡大学	德国	27	11	8	5	0	1	2
28	曼彻斯特大学	英国	25	11	9	2	3	0	0
28	密歇根大学	美国	25	9	3	6	5	2	0
28	威斯康星大学麦迪逊分校	美国	25	5	7	10	2	1	0

根据各国各项诺贝尔奖奖项得主人数的世界前 5 强[1]统计数据显示，美国以绝对优势稳居世界第一，其他的诺贝尔奖得主包括英国、德国、法国、俄罗斯、日本、以色列、瑞典、西班牙、瑞士、荷兰、挪威等。可见，诺贝尔奖得主的世界前五强中并没有出现中国的身影。

图 3-1 所示的数据已经从一个侧面反映出中国与世界的差距不是毫厘之差，而是相差甚远。从世界人口的分布情况来看，按照常理，中国的诺贝尔奖获得数据应该是处于世界前列。但从近代至今，上述现象确实令人诧异，"李约瑟难题"与"钱学森之问"诞生于中国，一定与这种"反常"有关。

从世界视野看中国教育，重思我们的教育势在必行。在智能时代，中国的教育应该改变这种现状，世界顶尖创新人才、大科学家、大哲学家等，也应该在中国的土壤中生根发芽，并能够在新时代教育环境的支持下，实现茁壮成长。

在智能新时代，我们的教育，理应知难而上，迎头赶上。

---

[1] 刘斯陶. 金吉利. 2018 世界大学获诺贝尔奖数排行榜[OL]. (2018-10-16)[2019-9-13]. https://www.jjl.cn/article/142266.html.

第四章

时空超越：新的教育在场方式

自由支配的学习时间：延伸学生自由发展的可能
多维教育空间并存：从"割离"到"聚合"的空间转向
时空限制的解体：无边界教育的智能建构
无边界学习："想学"就能实现"在场"

时空是人存在和发展的自然条件。从人与时空的关系来看，有什么样的时空形态，就会反映出什么样的人的存在和发展状态。封闭僵化的时空，人的存在和发展自然会深受其"害"；而自由开放的时空，人的存在和发展自然会深得其"利"。人工智能赋能教育，突破传统教育的时空界限，赋予学生更多自由学习的时间和更广阔的学习空间，从"有界"向"无界"的演变，宣告无边界教育与无边界学习新时代的到来。

一、自由支配的学习时间：延伸学生自由发展的可能

时间是人存在的形式。马克思认为："时间实际上是人的积极存在，它不仅是人的生命的尺度，而且是人的发展空间①。"换言之，时间是以生命的衡量尺度和人的发展空间两个维度进行表征。人的历史、现在与未来都将被时间统摄无遗；人的一切活动，都将与之密切相关；人类的工作、学习与生活，都将在时间的流淌中刻下深深的痕迹，从而在历史的积淀中塑造成一个立体的人物形象。

时间具有一维性和不可逆性。在以往的人类印象中，流淌着的时间，是一去不复返的"昨天与今天"的反复，没有人可以凌驾于它之上。因此，人类在时间面前，只有两种选择，一是与时间赛跑；一是被时间"牵着鼻子走"。人类的教育活动与学习活动也不例外，都将受到时间的约束，没有时间的存在，发展的可能性也就无从谈起。

时间是构成学习活动的重要元素，有效地利用学习时间，对于学生学习效果有明显的影响。在传统教育中，教育的中心是课堂、教师与教材，固定的授课时间、固定的授课教师、固定的作息时间、固定的运动时间等，学生的自由也是被固定好的。这样一来，学校的每项活动，都从整体上反映出教育模式的封闭性特征，使学生成为"固定性"的一部分，学生自由学习的时间很少，一般都是按照既定的学习计划进行。在这种状态下，学生有效利用学习时间是被动的。所以，学生在学习的过程中，容易出现浪费学习时间、学习效率低、时间管理不当、有效学习时间短等问题。但在智能新时代，这些问题正在被突破和超越。

智能时代的教育，在学习时间尺度上具有留存性。学习时间尺度上的留存性，是指学习过程的留痕与数据化，可以填补传统教育在学习数据领域的空白。譬如，学生在视频网站上进行学习，可以及时在视频下方的评论区进行在线反馈，或者在弹幕中发表自己学习的想法和观点，所有这些学习过程中积累起来的

---

① 中共中央编译局. 马克思恩格斯全集(第47卷)[M]. 北京：人民出版社，1979：532.

数据，最终都可以通过运用人工智能数据挖掘技术，对其进行历史复原与可视化整合，实现在既往形态上的学习时间封存。在深度学习领域，"长短期记忆网络技术"与"深度递归网络技术"，恰好能够有效助力模式识别，使不同尺度的数据信息在不同的时间维度上流动，它将为学生后期管理学习时间提供必要的帮助。更有甚者，它可以直接从中反映出学生学习的规律，或者学习的弊端，进而辅助学生养成良好的学习习惯，提高学生自主学习的能力。

学习时间尺度上的聚合性，是指在同频时间尺度上发生的多空间学习活动的聚合，依托人工神经网络技术，能够促进多空间泛在的学习活动的有机连接，实现在多向度的时间中整合零散的学习成果，从总体上节约学生学习的时间。从理论上讲，每个人的学习时间都是相同的，在同一时间范围内，如果将所有的学习者进行的学习活动看作是一个巨型网络，那么每个人的学习活动只能算作是一个时间节点。学习空间中的每一个时间节点的集合，则构成整个人类的学习时间，这个过程中所产出的所有学习成果，最终以智能共享的方式反馈到每个时间节点上。所以，时间的聚合性，为每个学生的学习奠定了思想共鸣的基础，以及学习成果共享的条件。

从学习结果的角度来讲，由于有共享作为前提，学生要想达到节约学习时间的目的，势必要从整个学习时间流中寻找学习资源的连接技术。此时，不得不提及以人工智能技术为基础的在线学习系统。多个学习者同时在此系统中学习，其学习成果的平台化汇总与知识图谱的数据建模，数据的平台化共享与学习过程的交流互动，能够有效以群体之优势，促进实现个人迅速获取较为全面的学习资源的目的，这无疑给每个学生节约了较多花费在寻找学习资源的过程中的时间和精力。这正如马克思所指出的："每个人的自由发展是一切人的自由发展的条件[①]。"只有当足够数量的学习者参与到智能在线学习系统，它的用户的受益程度就高。

人工智能时代的教育，在学习时间尺度上具有留存性和聚合性特征。留存性的存在，是基于智能技术在教育领域的强大存储能力和运算能力，它对教师与学生、学生与网站、学生与学生、学生与智能机器的互动过程进行全方位、多层次的记录和运算。在传统教育中，随着学生学习时间的流逝，本来已经不能再继续拥有的时间，现如今却能借助人工智能技术，有效地将之转换为教育大数据，从

---

① 中共中央编译局. 马克思恩格斯选集(第1卷)[M]. 北京：人民出版社，1995：294.

而填补了学生学习的"过去式"在时间上的空白。

聚合性的存在，是基于人工智能技术在学习效率上的赋能。在智能机器的优势转化中，它有效地将教师的备课、授课、考评、学情分析、教学资料的收集；学生的学习、考试、复习、拓展资料的获取；学校的管理、学校文化建设等方面的工作，进行系统整合。在智能技术的优势不断转入教育领域的同时，人们正在将传统教育活动中存在的"必要的琐碎时间"转化为"可自由支配的学习时间"，为"以学生为中心"的学习活动提供更多的空闲时间。

人工智能时代的教育，教师的"教"和学生的"学"都需要时间，借助人工智能技术，能有效填补教育活动的"过去式"在时间上的空白，有利于促成"历史教育、当下教育与未来教育"在时间维度上的有机融合。人工智能技术在效率上赋能教育，本质上是对已发生的特定教育活动和教育现象进行时间控制的过程，是从"琐碎"走向"必要"的智能化选择，学生学习的主动状态正酝酿于其中，学生的学习主动性、积极性将迎来改变。

哪一刻，学生会真正感受到时间的存在？自然是学生认识到学习时间价值的那一刻。从学生层面而言，自由时间意味着自由发展的空间，学生的发展又多了一份可能性。马克思在《经济学手稿（1857—1858）》中指出："自由时间"就是指人"可以自由支配的时间"，是人的"闲暇时间"，是人可用来"从事较高级活动的时间"，是"人能够直接用于发展自身各种本质力量的时间，是使'个人得到充分发展的时间'①。"如今，在智能技术的帮助下，学习资源的易得、学习效率的提升、学习规律的掌握、学习弊端的显现，都在将学生从"被遮蔽"的学习空间中解放出来，还给学生更多"可直接用于发展自身本质力量的时间"。所以，时间的存在，只有在失去的那一刻，才能给予学生感悟到它存在的意义，只有在自由获取时间的那一刻，学生才能感悟出它的塑造价值。

总而言之，人工智能时代，存在着可自由支配的学习时间，能够延伸学生自由发展的可能。对于一个学生而言，存在可自由支配的学习时间，意义非凡。自由时间的获得，可以有效促进学生的充分发展，学生的能力发展空间、精神发展空间和社交关系空间将会得到延伸，直至学生因此而获得自由发展。

---

① 中共中央编译局. 马克思恩格斯全集（第46卷）（上）[M]. 北京：人民出版社，1980：221-226.

二、多维教育空间并存：从"割离"到"聚合"的空间转向

空间，是由长、宽、高等基本元素按照一定的方式组成的结构形态，是度量事物位置差异的一个物理量，"大小"与"虚实"是其直接的呈现方式。空间的类型多种多样，包括物理空间、虚拟空间、思想空间、活动空间等。空间，是人类生存的现实条件，是人类一切活动的载体，也是所有人类技术的应用载体，空间的割离必定会致使人类活动与应用在实践上的终结。

教育空间，是指由教育活动和教育现象共同组成的结构形态，是空间与教育在实践上的结合。教育空间的智能化，则是智能时代背景下的人工智能技术在教育空间中的探索性应用，其应用的形态包括认识教育空间、改造教育空间与创造教育空间三个维度。在智能时代，人工智能技术对教育空间的赋能，目的就是要实现多维教育空间的并存与一体化发展。人工智能技术与空间概念的融合，催生新的空间科学、空间技术与空间应用，共同构成"技术+空间"的框架与蓝图，对智能教育空间的塑造具有重要意义。

在2016年的全国两院院士大会上，习近平总书记强调："空间技术深刻改变了人类对宇宙的认知，为人类社会进步提供了重要动力，同时浩瀚的天空还有许多未知的奥秘有待探索，必须推动空间科学、空间技术、空间应用全面发展。"[①]当然，习近平总书记在这里强调的是与航天有关的空间技术的重要性。但对当下的教育发展依然具有重要的启示意义，对于人工智能时代的教育，习近平总书记的讲话启发大家，要推动多维教育空间的并存与一体化发展，就要推动教育空间的无边界化发展与应用，激发教育者与教育对象保持对于生命的敏感性，要不断地加强智能空间科学、空间技术、空间应用与教育领域的全面渗透与糅合。

历史地看，人类教育空间的演变共经历四个阶段：第一阶段是经验传授、耕读相继的"田野空间"；第二阶段是以班级授课制为基础的"课堂空间"；第三阶段是以信息技术为基础的"网络空间"和"现实空间"；第四阶段是以智能技术

---

① 中国空间技术研究院. 习近平推动空间科学、空间技术、空间应用全面发展[OL]. [2016-06-01] http: //www.cast.cn/Item/Show.asp? m=1&d=4472.

为基础的"混合空间"。教育空间的历史演化，是从简单到复杂、从非制度化向制度化的进路不断发展。

由于受到电子计算机技术和互联网信息技术的冲击，第一、二阶段的教育空间开始发生转向，走向"网络空间"和"现实空间"并存的二元划分状态。随着这种状态的反复上演，以及智能技术的掺杂，第三阶段的二元性教育空间属性逐渐被突破，多元空间并存的混合属性渐渐呈现。

教育空间的转向，多元空间并存的叠加态、去边界化与再边界化、去行政化与再行政化、去中心化与再中心化、去本土化与再本土化交叠，看起来已经达到历史难以逾越的高度。但这并不意味着传统意义上的教育时间、教育空间与教育范围的终结。相反，反倒是为人们铺开了一条关于教育时空与教育想象的通道——新的教育边界、新的教育中心与新的教育本土化，应该要以什么样的形态出现？可能需要从教育的本质中寻找答案。

教育多元空间并存，源于教育需求的扩张，以及社会教育的发展。随着社会生产力的发展和社会分工的不断细化，社会对多元化人才的需求与日俱增，正面刺激教育领域的广泛发展，兴趣班、学科辅导班、社会职业培训、考证班、托管教育、网络 MOOC、智能教育 App、智能在线教育系统等，各种新型教育形式不断涌现，极大丰富和扩展了传统教育空间的范围和内容，为教育的发展提供了无限的空间想象力。

人工智能时代的教育，新的教育空间不断产生，新空间与旧空间的交叉融合程度不断加深，传统教育空间中存在的"人、事、物、场、时"，以及它们之间的关系，都正在被重新定义。阿科米星建筑设计事务所创始人庄慎老师在2018年的《AI与智能空间产业论坛》上说："在这个时代，通过物联网、大数据和智能化技术，空间将进行真正变革，实现新的智能化空间，改变人和物理时间、改变人与人之间的关系。"[①] 新的智能化空间的衍生，新的教育空间特征逐渐明显，包容性、多样性、层次性和结构性蕴藏其中。智能时代的教育"混合空间"正在实现由"封闭空间"向"开放空间"和"自由空间"的转向，智能教育空间从分离走向统一，从混合走向有机结合。因此，打造一个有活力且灵活的教育空间，将成为实现"多维教育空间并存与一体化发展"的关键步骤，也是决定该空间是

---

① 上观新闻. 人工智能赋能未来空间，智能空间产业化的想象力有多大？[OL].[2018-11-07] https://www.jfdaily.com/news/detail?id=115061.

否能够实现的关键。

人工智能时代,要打造一个有活力且灵活的教育空间,势必要在智能技术的基础上,遵循学生发展规律和教育教学规律,融合家庭、学校、社区、企业等四个物理教育空间,结合人工智能技术,构建物理教育空间的数字孪生空间,形成"学生与空间"动态融合的开放性教育空间结构,并采用人工智能数字孪生技术的空间干预优势,实现不同教育空间的功能互补的有机转换。

在教育教学活动中,教师与学生可以根据发展需求,在物理教育空间、虚拟教育空间、数字孪生空间中找到发展的契合点,促成多维教育空间在教育活动中的同时在场,实现空间优势互补与功能覆盖,并开放空间出入口,学生可以灵活自由地出入其中。同时,教师与学生要积极进行教育时空观念的转化与更新,充分认识智能教育多维时空并存的价值与意义,以及与之相关的应用技巧和注意事项,并积极学习新兴教育空间技术,推动教育制度朝着对"多维教育空间"的包容性方向发展,舒展有活力且灵活的教育空间的价值与现实魅力。

人工智能时代,多维教育空间并存与一体化发展,是教育空间在智能技术的辅助下从"割离"到"聚合"的重大成果,意味着在未来的教育大环境中,学生的学习将突破学校的藩篱,走向无边界的学习空间中去,无边界教育正在诞生与发展。

三、时空限制的解体:无边界教育的智能建构

在漫长的人类教育发展史上,教育的发展与社会需求的变化密切相关。随着新一代人工智能技术的发展,人们在新的环境中逐渐意识到,局限于特定时间与空间中的传统教育,如固定的教学场景、教学场地、教学环境、教育工作者、教育方法与教育理念,已在学生的心里筑下一道厚厚的"围墙",明显地阻碍和束缚学生的社会适应能力的生成,导致学生不能很好地适应社会发展的需要。所以,社会的发展不断地驱使人们从时间和空间中探寻教育发展的新空间,对"无界"的向往和对教育边界的突破和超越,对于拓展学生的"心理边界"和"认知边界"具有重要价值。

人工智能赋能教育，教育时间由"必要的琐碎时间"走向"可自由支配的学习时间"，教育空间由"单维空间"走向"多维教育空间"并存，为教育发展提供了新的时空契机。可以肯定的是，以学生拥有自由可支配的学习时间为条件，很容易促成学生个体与多维教育空间的融合，从而超越传统教育时间与教育空间对学生发展的限制，突破教育的现实边界，通往无边界教育的大门。

1998年，澳大利亚学者斯图尔特·卡宁汉姆（Stuart Cunningham）在其出版的专著《新媒体与无边界教育》一书中，第一次将"无边界教育"（Borderless Education）作为学术术语置入研究者的视野[①]。随着教育的不断发展，教育的空间与边界逐渐模糊，教育主体的多元化参与，多种教育形态并行不悖，不断地瓦解传统教育固化的"藩篱"。

无边界教育，是指教育活动和教育现象的无边界发生，具体包括教育时间无边界、教育空间无边界、教学内容无边界、教学形式无边界、受教育对象无边界、学科融合无边界与教学课堂无边界等[②]。无边界教育的诞生，在整个教育系统中提出一次革命性的变革路线图，它将传统的封闭式教育空间作为"劲敌"，在精神层面打破传统教育的边界，在实践层面颠覆传统教育的"正统权威"。因此，无边界教育理念，在其发展过程中颇受教育界和商业界的青睐，一批无边界教育学术成果、一批无边界教育咨询有限公司、无边界教育科技有限公司、无边界教育培训有限公司应运而生，助推无边界教育的社会化发展。

智能时代，无边界教育是家庭教育、学校教育与社会教育的界限被打破的产物，与人们的生活紧密相关。无边界教育，教育无处不在，在智能配套技术的支撑下，无边界教育的发展呈现出智能化、广覆盖、沉浸式等三个重要特征。教育与生活相互渗透，正所谓："教育即生活""生活即教育"。无边界教育，无论是在现实空间还是虚拟空间，都是人的"本真"在社会化场景中的回归，在新的"无边界"架构中，潜伏于传统教育中的深层矛盾逐渐被认识和被解决，传统教育与现代化教育在历史演进中不断走向统一。进一步推动无边界教育的社会合理化发展，智能建构"有网而无界"的大教育生态系统，是实现无边界教育在场的重要举措。

---

① 吴婷琳. 边界消弭与多元合作：我国高等职业教育资源配置的路径选择[J]. 江苏高教，2018(01)：104-107.

② 长春教育在线. 一实验银河的无边界教育，给孩子的未来创造无限可能！[OL]. (2018-11-25) http：//www.sohu.com/a/277700567_700972.

教育对象无边界。智能时代的教育，是以物联网、大数据、图像识别、自然语言处理、语音识别为基础的智能化教育。在智能建构无界教育生态体系时，教育者应首先着手研究教育的"无界"特征，在厘清不同的教育对象与智能教育系统的连接方式的基础上，实现不同教育对象的个性化需求与智能教育系统的个性化供给的有效对接。教育对象的无边界属性，主要表现为教育对象的多样性，要想实现"教育对象无边界"，还需要建设面对儿童、青少年、中年人、老年人的全生命周期教育对象的覆盖系统，在技术层面实现"家庭、学校、社区"的一体化教育。

教育资源无边界。要实现教育资源无边界，可以从共享理念出发，在智能保密技术的支撑下，促进教育资源数据的跨域共享。建立相关的利益协调机制，协调解决关于教育数据主权引发的利益纷争问题，为"多源异构"的教育资源数据的共享提供现实前提。最后，还需要优化教育资源库，加强教育资源基础库建设。教学资源数据库是资源共享机制构建的物质基础，是教育无边界资源的有机构成。数据库建设应立足课程资源的流动性，通过诸如专家库等信息构建方式，实现人力资源的自由流动，对实现无边界教育意义重大[1]。

教育场所无边界。无边界教育，对于人们而言，最大的便捷之处在于，"想学"就能实现"在场"。因此，要运用智能技术构建无边界教育生态系统，首先，要积极开展关于教育场所无边界的普及与宣传教育活动，转变学生对教育场所的认识，以便于学生在学习需求出现时，能够实现在最短的时间内找到相应的学习场所。其次，以"智能学习场所"的智能化、精准化衔接为理念，结合个性化智能推送服务技术，将教育场所的在场状态与学生的在场状态进行实时匹配，学生可以根据自己的学习空间环境，适当地选择对应的学习系统。最后，推动教育制度的变革。如今，传统教育场所的藩篱并未完全消失，需要以"制度改革"促进"空间转向"的方式，在文化观念、风俗习惯、社会规约等方面突破教育场所的边界性限制，实现"教育场所无边界"的制度化转型。

时空限制的解体，无边界教育的智能化构建，是智能技术在教育领域引发的一次重大的"教育时空"革命，它将无边界教育的发展推向极致，也将人们的心理边界的发展推向极致。在这样的教育时空中，教育的意义逐渐凸显，学习自由

---

[1] 龚乐，陈烁. 无边界教育理论视域下高等教育资源共享机制建构[J]. 中国成人教育，2017（17）：23-25.

与学习权利在教育中逐渐得到承认,"教育的在场"走向"学习的在场",无边界学习正在到来,"想学"就能实现"在场"。

四、无边界学习:"想学"就能实现"在场"

智能时代,在智能技术的多维赋能条件下,教育的"多空间泛在"属性明显增强,教育的边界逐渐模糊与被突破,传统教育逐渐发生范式转换——教育对象、教育资源、教育场所、教育形式、教育内容等等领域,都将发生一场关于"有界"和"无界"的教育变革之争,无边界教育正大踏步地向我们走来,无边界学习正孕育其中。

随着无边界教育制度、教育组织、教育管理体系的发展成型,与之相伴相生的"无边界学习"渐渐走进人们的视野。在大数据、物联网、图像识别、语音识别、自然语言处理、数字孪生、边缘计算等智能技术的支撑下,无边界学习从无边界教育之中独立出来。无边界学习的概念,最早是由英国教育界首先提出,是指利用所有学习平台,给学习者提供一个可以在任何地点、任何时间,使用手边任何可以获取的学习机会进行学习活动的学习环境。具体而言,无边界学习包括学习内容无边界、学习方式无边界、学习场域无边界、学习资源无边界等[①]。

随着无边界学习的内涵与外延的不断扩大,由"课堂随处可在"到"学习无处不在"的范式转换,无边界学习将关注点从教育者转向教育对象,并将之置于教育教学活动的研究中心,进一步倡导在任何时间(Anytime)、任何地点(Anywhere)的任何人(Anyone)可以就任何内容(Any Content)进行任何形式(Any Format)的学习形态,从而使得面向每个个体的个性化、定制化教育得以可能[②]。

无边界学习,是无边界教育在学生立场上的社会化延伸,是教育者实施因材

[①] 简书. 跨学科? STEAM? 或许你得先了解无边界学习[EB/OL].[2018-10-27]. https://www.jianshu.com/p/94417eab2fec.

[②] 荀渊. 高等教育全球化的愿景:从无边界教育到无边界学习[J]. 电化教育研究,2019,40(05),32-39.

施教的良机，是学生争取学习主动权的一次"普遍性胜利"。根据无边界学习的概念可知，由于学生学习环境不再受学习时间、学习地点、学习内容、学习方式等因素的限制，学习活动与学习现象的"无处不在"与"无时不有"。无边界学习，学习无处不在，具有超时空、人机合一、个性化三大核心特征。

无边界学习的超时空特征。智能技术的优越性与新的形塑价值，携手学生学习形态的发展走向超越时空限制的自由学习形态，学生依托智能学习终端、智能穿戴设备（AR/VR等）、智能学习平台，可以及时有效地获取不同时间跨度和空间跨度的学习资源，对其进行学习与知识建构，并以新的学习者身份融入其中，通过运用智能终端设备，实现学习的"历史—现实—未来"三位一体的跨界式融合。时空作为学习活动和学习现象的现实载体，时空的超越，意味着学习者的"边缘性"地位的复归，多时空泛在的学习形态，凸显无边界学习的"无界"属性。

无边界学习的人机合一特征。智能时代，是一个技术赋能"万事万物"的时代。一切事物的智能化特征，衍生出学习载体的智能化特征。无边界学习社会到来之前，学习载体（智能学习机器）与学习者的分离，人与学习工具的藩篱的存在，限制了学生获取学习资源的效率和渠道。但是，随着无边界学习理念的社会化与落地，人们学习的过程主要是人与智能学习设备的交互过程。从学生的角度来说，智能学习机器已成为学生学习活动的重要构成部分，载体的无边界、学习机器承载的价值的无边界与学生学习的无边界的融合，决定了无边界学习的人机合一特征的存在。

无边界学习的个性化特征。无边界学习的缘起，本质上是源于人们的差异化需求在学习层面上的个性化诉求。智能时代，智能化和社会化的无边界学习形态，能够基于相关智能技术有效回应学生的个性化学习需求，智能数据挖掘、智能特征提取、智能推荐算法与智能精准模式识别等技术的成熟与技术整合，智能无边界学习生态系统已在无边界教育系统的构建中逐渐形成。届时，无边界学习系统将遵循学生的个性化发展需要，以学生的个性化发展为中心，彰显智能时代的个性化定制学习的魅力。

智能时代，教育时空的超越，迎来教育与学习的无边界化发展，无边界学习的个性化、超时空与人机协同的特征，将无边界教育与无边界学习推向发展的极致——教育无处不在，课堂无处不在，学习无处不在。在"无处不在"的教育与学习环境中，学习的客观条件已经具备——"学习资源极大丰富，学习时间极度自由，学习场所随处可见"。

从大的社会历史背景来看，随着社会科技化的程度不断加深，社会分工开始从"精细化"不断地走向"综合"，社会对人才的能力素养的要求不断提高，总体的人才需求趋势呈现从"技能工"向"复合型工"的转变，数据素养、信息素养、智能素养等素养要一应俱全。在这样的时代背景下，身处于其中的个体需要时刻保持求学进取的心态与行动。因此，智能时代，教育与学习的客观条件的满足，已为广大学习者的学习奠定了客观基础，学习者的主观意愿在社会文化的熏陶下，应该充分关注自身的发展，而不是被技术奴役。

智能时代，是一个教育与学习无边界的时代，学习者的被动地位被改变，主体地位得到回归。同时，学习者也要承担相应的责任。在一个日新月异的时代，他们必须要对自己的未来发展负责，主动肩负"认识自己、发展自己、改造自己"的重大使命。在智能时代，学习的主观与客观的统一，使"想学就有条件学"。只要学生真正开始思考自己，学习的"在场"便会发生；只要学生想学，就能实现学习的在场。

第五章

人机关系：人工智能教师与人类教师

智能赋能：教师角色的转变
未雨绸缪：人类教师会被取代吗
人机共教：从对立走向统一

进入21世纪以来，人工智能不断地以其巨大的能量颠覆着各个领域，不断地改变人们对"传统"的认知。在教育领域，人们从未想到人工智能的出现会冲击人类教师的存在。但事实证明，人工智能确实给人类教师带来了"惊喜"，抑或"惊慌"。2018年8月，全球首个人工智能公民索菲亚（Sophia），被聘请为人类有史以来的第一位人工智能教师，标志着人工智能正式进军教育行业。人工智能教师的出现，引发人们对人机冲突的再思考——人类教师会被人工智能教师所取代吗？人工智能时代，人类教师应该是什么角色，应该怎样与人工智能教师相处等，都是智能新时代值得深入探讨的新问题。

一、智能赋能：教师角色的转变

教师角色是人们对教师的能力和地位的期望和要求，是教师身份的集中表现。由于教师的劳动具有复杂性、创造性、长期性和示范性等特征，意味着教师的角色扮演具有多重属性。良好的教师角色对于学生的成长和发展具有重要意义。

教师角色的演变与发展，深深地打上时代的印记。从深层意义上来说，教师的角色是社会赋予的，是社会的期望和要求在教师身份中的再现。既然如此，一个良好的教师角色势必是与整体的教育大环境相互融合的，是与学生的发展休戚相关的。因此，教师角色的优良评判，需要放在特定的历史环境中去衡量，也就无所谓"传统"与"现代"之别。但是，历史是一个有机的整体，特定时空的历史划分难免存在局限性，教师角色的时空演变，"历史的遗留"与"时代的脱节"引发我们对"传统"的忧虑。

随着智能时代的不断发展，传统教师角色的时代性脱节加重。智能时代，教育的发展呈现智能化与无边界化特征，教育资源、教育方法、教育内容、教育评估等领域的教育活动与教育问题都将被智能化与无边界化，给整个人类教育体系带来了巨大冲击。当然，适应于传统教育模式的教师角色势必也会遇到相应的挑战。传统的教师角色，人们最初的印象就是"传道授业解惑"，时至今日，这个定义依然具有时代价值。

人们对于"传道"中的"道"的理解，是传统教师角色的缩影。过去的人们认为，"传道"中的"道"是道理和知识的意思，教师的角色就是负责给学生讲解知识和道理，监督学生硬性地完成学习任务。在教学过程中，学生被教师视为"学生"，或"待完善"的求学者，从观念上形成了教师与学生之间的不平等地位，教师成为传统课堂的控制者而不是参与者。这既让学生在教学活动中成为被动的知识接受者，又让学生沦为知识与道理的灌输对象，不仅阻碍了学生个性化的发展进程，还限制了学生批判思维能力和创造思维能力的培养与养成。

教育，是一项培养人的活动，它本应该专注于培养学生发现问题、提出问题、解决问题的能力。但在传统教师角色扮演的过程中,"教师提出问题,学生解决教师提出的问题"成为师生互动的主要内容。在人工智能时代,社会存在的问题不胜枚举,学生的问题意识不断提高,仅仅是学会解决教师提出的问题,学生很难形成独立思考的能力,特别是自我设问与自我求真的能力。由此看来,人工智能时代的课堂不能仅仅是教师向学生提出一系列的问题让学生解决,而是要求教师应该引导学生自己提出问题,然后解决自己提出的问题,因为提出问题比解决问题更重要[1]。

在智能新时代,传统教师角色的弊端日渐显现。在这种状态下,教师的"园丁""工程师""蜡烛"等角色形象逐渐蜕变,教师角色逐渐开始出现一种新的回归,回归到"平凡"的角色。人工智能时代,教师角色的演变与发展,在继承优良传统角色的基础上,回应社会对教师的新要求和新期许。与此相应,教师角色的大转向也应时而生。

智能技术在赋能教育的过程中,将教育者和教育的管理者从繁杂的教育活动中解放出来,如布置作业、批改作业、考试命题、学期评估等活动,都将在智能技术的支撑下,大大节省教师的时间和精力,给老师以更多从事探索性教学工作的时间和空间。如今,在智能化的社会大环境下,"合作学习者""资源整合者""授人以渔者""个性教学策划者"正在成为教师角色的最新代名词。

合作学习者。人工智能时代,教师角色从"圣人"向"平凡人"的回归,使教师与学生之间的平等关系得以有效建立。正如保罗所言:"技术革命最令人吃惊的后果是其对那些专家们的权威构成挑战。因为它能够冲破任何人为设置的束缚[2]。"也就是说,由人工智能技术引发的第五次教育革命直接冲击了传统教师的权威,传统的"知识"与"道理"的管控者的教师权威逐渐转变,教师与学生之间开始走向合作学习的新模式,教师以合作学习者的角色出现于教学情境。教师成为合作学习的引导者和互动者。在传统"单向灌输式"的教学情境中,鉴于知识的爆炸性增长,教学任务的流变性增强,师生之间存在的"一对多"的关系,间接地加重了教师的教学任务。不可否认,在新时代探索新知识,教师个人的力量必然无法与学生群体的学习智慧相比较。所以,人工智能时代,为了最大

---

[1] 邓银珍. 谁动了我的讲台——人工智能时代背景下教师角色的转变[J]. 中小学信息技术教育, 2018 (06): 86-89.

[2] 张青. 教师的权威者角色在网络教育中的变化及其社会学原因[J]. 湖南师范大学教育科学学报, 2010, 9 (05): 63-65.

限度地实现教育目的，教师就必须要将自己融入学生群体，与学生一起共同学习，了解学生的需求，掌握学生的特点，学习学生的社交语言，陪伴学生一起建构新的认知。

资源整合者。人工智能时代的教育，智能教育系统平台的构建，为教师和学生获取教育资源提供了便捷通道。传统的教师，在开展教学活动时，用于教学活动的教学资源，主要以教材为主，其余的辅助资料也基本不需要教师自己整合，而是直接按照既定的课程大纲进行购买。因此，教师的资源整合者的角色并不明显。然而，在人工智能时代，由于教育大数据的集成，教育资源呈现"4V"特征，所以很多传统课程与教材的内容已明显过时。加之学生的时代需要，教师势必要处理好教材与新课程资源之间的关系，并综合运用智能技术挖掘多样化的教育资源，以满足社会与学生的现实需要。随着多元化的教育资源的不断涌现，教育资源大数据与日俱增。在这样的时代条件下，教师急需培养自身的资源整合能力，以便在"鱼龙混杂"的教育资源中，迅速挖掘出有利于学生成长的教育资源。所以，造就了智能时代的教师的资源整合者的角色。

授人以渔者。随着智能社会的不断发展，不同学科之间的交叉融合现象越来越普遍，人文学科与自然学科相互渗透，大量的知识铺天盖地涌向教育领域，并在极短的时间内，知识又出现新的迭代与更新。常言道："授人以鱼，不如授人以渔。"换言之，教授学生学习方法，比直接让学生掌握书本已有的理论知识更有意义，因为只有掌握科学的适合自己的学习方法的人，才能通过不断的学习适应快速变化的社会。所以，当学生的学习与知识迭代之间出现矛盾时，教师需要"一马当先"，做好学习的引路人，引导学生从学习方法入手，帮助学生提升学习能力，而不是让学生拼尽全力去"死磕"新知识。在智能时代，教师的角色是教会学生如何学习的人，是真正的"授人以渔者"。

个性化教学策划者。自古以来，个性化教学（因材施教）的理念早已深入人心，但迫于现实条件的约束，并未能实现真正的个性化教学。然而，随着物联网、大数据、人工智能等新一代技术的不断发展，以新兴技术为支撑的教学平台应运而生。在此基础上，学生的学情数据将实现可视化，学生的学习规律、发展规律将一目了然。在这种情况下，如果教师想要了解个别学生的学习情况，只需要用移动终端打开相应的数据平台，便可随时查看学生的个性化学情数据。基于此，教师教学计划的制订，便可在原来的基础上，执行两套教学方案：一套是面向全体学生的公共教学方案，另一套是依托智能学习平台，对个别学生进行个性化教学的方案。未来，随着教育观念的不断转化，"面向全体"的教师角色开始消隐，而"面向个体"的教师角色开始渐渐登上历史舞台，成为教师角色的主要构成部分。

人工智能赋能人类教师，合作学习者、资源整合者、授人以渔者、个性教学策划者等新兴角色向人类教师靠拢，教师角色得到前所未有的丰富和发展。当教师的角色不断丰富，人们对教师"传道、授业、解惑"的理解更加深入，进入韩愈所讲的"传道"的真正内涵层面。韩愈在《师说》中说："授之书而习其句读者，非吾所谓传其道解其惑者也。"人工智能时代，教师角色的扮演，绝非传统意义上人们所理解的那种讲授"知识"与传授"道理"的简单认识，而是在智能技术的支撑下，教师对教育教学规律全面认识与掌握，回归到对"道"的切实把握上来。

人工智能时代，教师角色的丰富和发展，对于树立"教师权威"、改善"师生关系"与促进学生全面发展等方面具有重要意义。雅斯贝尔斯认为权威有两种：一种是内在权威，另一种是外在权威。内在权威主要来自人格和精神的力量，而外在权威主要依赖强权[1]。智能教育中的教师角色的演变，正是一种内外相结合的权威走向，是教师权威由"外在权威"向"内在权威"的转化。在这个转化的过程中，学生们甚至感受不到教师权威的存在。因为与教师的专业素养相伴相生的权威，最终从教育者的身上转移到教育对象身上，以学生的学科素养表征教师的权威，从而打破传统教育中由于教育信息不对称所导致的学生对教师的依赖，教师与学生的关系，在其权威的"转化"中实现平等。

教师角色的丰富和发展，有利于促进学生的发展。教师角色的转变，是顺应时代发展的必然产物，也是关注学生发展的教育理念的逐步胜利。在智能新时代，促进学生的全面发展是重中之重，立德树人是新时代教育的根本任务。教师角色的转变，正是适应教育目的与教育任务之要求，有节奏地顺从智能新时代的发展规律，循序渐进地改变传统教师角色，将师生"打成一片""揉在一起"，从而更大程度地发挥教师的模范带头作用，给学生的健康成长与全面发展树立榜样。因此，教师角色的转变，在权威的"转化"中实现师生关系的平等，然后促成教师与学生的融合，最终促进学生的健康成长与全面发展。

---

[1] 任民，李迎春. 半部《论语》做良师：《论语》给教师的启示[M]. 北京：中国轻工业出版社，2014：195.

二、未雨绸缪：人类教师会被取代吗

随着互联网、大数据和人工智能的不断发展，由技术融合而成的系统开始成熟，使人工智能教师的出现成为可能。历史上，人们很难想象机器人会成为教师，更难想象它的存在会威胁到人类教师的工作。但是，在智能时代，过去的那些不可能的"想象"如今都已由"没有想过"变成了现实。

人工智能教师的问世，最早可追溯到"专家系统"的诞生。专家系统是一个智能计算机程序系统，其内部含有大量的某个领域专家水平的知识与经验，能够利用人类专家的知识和解决问题的方法来处理该领域问题。专家系统本质上是知识与经验的存储系统，海量的知识和丰富的人类实践经验聚集在智能计算机系统中，构成了最早的专家系统。系统处于运行状态时，凡是有来访者进行系统访问，都将会得到一个特定的答案，或者是解决该问题的方法与策略。因此，作为人工智能技术的一个分支技术，"专家系统"的发展，既显现出人工智能理论"落地应用"的走向，又反映出教师行业的"无人化"与"智能化"趋势。

人工智能教师诞生的根本力量在于人类本身所固有的局限性。人类在制造和使用工具的过程中，由于受到本身的"惰性"的支配，自然会有想要依赖工具的愿望和情感倾向，人工智能技术在教育领域的运用亦是如此。

人工智能教师的诞生，一方面是源于技术发展的成熟，另一方面是源于人类的"惰性"。智能技术的发展成熟，是人工智能教师站立起来的基础，但人类的"惰性"，或者说是人类本身所固有的局限性，却成为人工智能教师诞生的历史根源与强大力量，驱使人们不断地通过运用智能技术，把人类教师的专业素养与专业能力赋予智能机器。

2018年8月，全球首个拥有人类身份的人工智能机器人索菲亚（Sophia）被全球领先在线教育集团iTutor Group聘为人工智能教师，自此，索菲亚成为人类历史上首位人工智能教师。iTutor Group聘请人工智能机器人索菲亚做教师，并非突然。据亿欧网2018年2月下旬的消息显示，早在2018年的上海"新时代新教育创未来"发布会上,全球领先在线教育集团 iTutor Group 就已经与人工智能机器人索菲亚达成战略合作协议。截至目前,索菲亚(Sophia)基本可以承担在线教学任务,并能处理一些较为复杂的教育教学问题。一方面,它借助其强大的记忆能力,能够有针对性地为学生提供个性化教学服务,从整体上达到人类教师的助教水平;另一方面,它以人的外表样子出现,能够更好地与学生进行交流与互动,起到陪伴学生成长的重要作用。

人工智能机器人(公民)被聘为教师引发了社会热议。人工智能索菲亚(Sophia)以教师的身份出现在人们面前时,人们在庆祝之余,也在担忧人类教师的前途与命运:人工智能教师会不会代替人类教师?在这样的时代危机下,人类教师应该做哪些准备,才不至于被人工智能教师替代?人工智能机器人对人类的各种职业的冲击,具有与生俱来的颠覆性力量,在人们思考教师被取代之余,其他领域的人们也都在思考这个问题。

2017 年 10 月,英国广播公司(BBC)基于剑桥大学研究者 Michael Osborne 和 Carl Frey 的数据体系,分析全球 365 种职业在未来社会中会被淘汰的概率,具体数据如表 5-1 所示①。由表中数据可知,未来最容易被人工智能机器人淘汰的前五名是电话推销员(被淘汰的概率为 99.0%)、打字员(被淘汰的概率为 98.5%)、会计(被淘汰的概率为 97.6%)、保险业务员(被淘汰的概率为 97.0%)、银行职员(被淘汰的概率为 96.8%),其次是政府职员、接线员、前台、客服、人事、房地产经纪人、厨师等。

根据英国广播公司统计数据可知,人工智能机器对人类职业的代替,将会深入人类生活的各个领域。以色列作家尤瓦尔·赫拉利(Yuval Noah Harari)认为,未来的分工越发专业化,人类社会将诞生一个历史上从未出现的对经济和军事都毫无用处的阶级——即"无用阶级"(Useless Class)②。但是,回归到教育领域,我们不禁要问,人类教师真的会沦为"无用阶级"吗?真的会完全被人工智能教师所代替吗?

---

① 搜狐网. 德林社:365 个职业,未来最不可能被人工智能替代的竟然是……[OL] [2017-10-17]. https://www.sohu.com/a/205327096_157944.

② 王德林,李成彬. 教师会沦为"无用阶级"吗?——人工智能的视角[J]. 教育与教学研究,2018,32(10):60-65+125.

第五章 人机关系：人工智能教师与人类教师

图 5-1 iTutor Group 创始人、董事长兼 CEO 杨正大与全球首个人工智能教师索菲亚①

表 5-1 各种职业在未来被淘汰的概率

序号	被代替的职业	被代替的可能性
1	电话推销员	99.0%
2	打字员	98.5%
3	会计	97.6%
4	保险业务员	97.0%
5	银行职员	96.8%
6	政府职员	96.8%
7	接线员	96.5%
8	前台	95.6%
9	客服	91.0%
10	人事	89.7%
11	房地产经纪人	86%
12	厨师	73.4%
13	摄影师	50.3%
14	演员、艺人	37.4%
15	写手、翻译	32.7%
16	理发师	32.7%

---

① 图片来源：中国娱乐新闻网．和索菲亚 sophia 一起学，vipJr 开启智能教育新时代[OL]．[2019-3-6]．http://www.sohu.com/a/298464284_344165．

续表

序号	被代替的职业	被代替的可能性
17	运动员	28.3%
18	警察	22.4%
19	程序员	8.5%
20	记者	8.4%
21	保姆	8.0%
22	健身教练	7.5%
23	艺术家	3.8%
24	音乐家	4.5%
25	科学家	6.2%
26	律师、法官	3.5%
27	牙医、理疗师	2.1%
28	建筑师	1.8%
29	公关	1.4%
30	心理医生	0.7%
31	教师	0.4%
32	酒店管理者	0.4%

对于"人工智能教师是否会取代人类教师"这个问题的回答，其实在英国广播公司的统计数据中已经能够获得相应的答案——人类教师被人工智能机器取代的概率只有0.4%。但是值得关注的是：在人工智能时代，如果教师不会应用人工智能技术，被人工智能教师取代的概率将会大增。

1996年，联合国教科文组织在《关于教师地位的建议》中指出，教师工作应该被视为一种"专业"。隐含之意便是，教师工作是一种专门的职业，他们要具备教育的能力和完善的品格，要能精准把握自己的服务对象的特质，以及掌握与之相匹配的一整套教育理论与教育方法。换言之，教师的专业技能与专业素养，来源于专业化的人才培养渠道，在专业方面很难被替代。

在谈及人工智能教师是否会取代人类教师之前，有必要首先仔细分析人工智能机器人到底擅长什么，不擅长什么，这是未来的人类教师不被取代的关键。从英国广播公司的统计数据中可知，在未来的社会发展中，容易被人工智能技术淘汰的职业都有共同的特点，如教育客服，所有能够为求学者提供便捷服务的职业都可称之为教育客服，它们本身承载的价值导向就是为求学者提供便捷服务，但这项工作为什么却会有91%的概率会被人工智能替代？

这个问题并不难回答，因为人工智能客服能够告诉你答案。智能教育客服，是基于人工智能语义识别技术的客服系统。在长时间的服务中，它能够主动针对特定语境进行问题构建与对策生成，就像客户打开淘宝购物界面向客服寻求帮助一样。当你开始输入问题时，智能教育客服已经根据它的深度学习经验，推测到你针对某个学习模块而可能会提出的各种问题，并对其进行套路解答。同时，它还可以依托智能推荐系统功能，向你推送相关的学习产品链接等。

但是，细心的人就会发现，在同一个智能客服的人机界面，相同的问题基本上只能得到相同的解答。这就说明智能教育客服的根本，其实是问题解决系统。换言之，智能教育客服的存在，它是将现实的教育客服服务问题域进行了大数据综合汇总，特定的问题在特定的情境中，解答的方式不同，但回答的内容基本一致。这种"套路式"的工作性质，在人工客服与智能客服的比较中，人工智能客服系统具备明显的优势，它们不知疲倦，可以24小时在线，能够回答不同类型用户提出的各种"刁钻"的问题。因此，教育客服职业的被替代，值得深思。再如打字员的工作，如今可以依托智能语音输入、智能图片文字识别、智能视觉识别等技术，已经可以基本取代打字员的工作。在智能手机的社交软件（微信、QQ等）中，大家可以开启语音转换文字功能，便可轻松实现文字输入。

如前所述，无论是客服、打字员、会计、还是银行职员，这些工作都是简单且重复性的劳作，身处其中的工作人员无须过多的动脑思考，只需熟练掌握业务技能即可。

然而，建筑师、公关、心理医生、酒店管理者等职业，为何它们被人工智能机器取代的概率没有超过2%？综合比较研究发现，这几大职业，牵涉的情感因素和智慧因素过多，涉及复杂的人际关系网络、人文价值关怀与对生命的理解，其职业的运作方式更多的是需要智慧的头脑，而不是固定的业务模式。

因此，从整体上而言，人工智能的出现之所以在特定的职业领域能够引发人类的"团体焦虑"，是因为人工智能在操作性技能层面具有人类无可比拟的优势。但是，在智慧性技能层面，人工智能的弱项便开始暴露。"知、情、意、行"是构成人类教师的四大基础能力，但由于人工智能教师是机器的化身，其本身不具备生命属性，所以在情感能力和意志能力方面有较大的缺陷。教师，作为一门专业的职业，不仅要求其要具备业务操作技能，还需要掌握专门的智慧性技能。人工智能教师的智慧性技能的匮乏，从而揭示了人类教师被替代的概率低的内在原因——人工智能教师死板、缺乏情感与缺乏创新精神。

人工智能教师，是以人工智能技术为基础，在虚拟与现实中专门从事教学工作的智能系统，其本质是非生命的存在物。就目前的人工智能技术发展进程来看，由于智能技术本身存在的局限性，人工智能教师的存在，它们也只能"按部就班"地完成"指令式"的教学任务，包括人工智能教师索菲亚。由于缺乏独立的思想意识，绝对服从的人工智能教师系统，是对人类教育标准的精准化执行。

例如，人工智能教师批改作业，对于客观题的评判标准的唯一性，给予它们很大的"自由"发挥的空间，在批改的效率和质量上都远超人类教师。然而，对于没有唯一评判标准的主观题而言，人工智能教师却显得有些无所适从。即使通过技术手段赋予它们一定的标准，但是由"标准"组合而成的评判体系，仍然无法有效感知答题者的情感态度和情感倾向。所以，在人工智能教师批改作业的过程中，很容易导致原本很出彩的文章却通不过人工智能教师的评判系统。

人工智能教师的存在，是对标准的绝对执行。人工智能教师发展至今，其实还是没有逃离"专家系统"的"遗传基因"的影响，这既决定了它们在解决问题方面的惊人能力，也突出了它们不会从事育人工作的局限性。当学生向人工智能教师求助时，有求必解，但却不是从更智慧的层面引导学生自己建构解决问题的策略。久而久之，学生将会形成对人工智能教师的依赖。"捆绑式"的学生成长模式，不利于学生的批判思维、创造思维的生成，极端情况下还容易毁掉学生的前程，最后沦为人工智能教师教学情境下的牺牲品。

人工智能教师的局限性，似乎成为人类教师不可被其替代的最有力证据。而人类教师的优势所在，正好是人工智能教师所不能弥补的、无法被其替代的地方。但人类教师也不得不注意，如果他们不能掌握人工智能教师所不能掌握的技能，那么人类教师极有可能被人工智能教师所淘汰。正如雷·克利福德所言："科技不能取代教师，但是使用科技的教师却能取代不使用科技的教师[①]。"教师

---

① 余胜泉. 人机协作：人工智能时代教师角色与思维的转变[J]. 中小学数字化教学，2018（03）：24-26.

无远虑，必有近忧。既然已经找到人类教师可能会被人工智能教师取代的可能性，对其进行提前防备便是人类教师的当下之紧要。

2017年11月，由习近平总书记亲自主持召开的十九届中央全面深化改革领导小组第一次会议审核通过的《关于全面深化新时代教师队伍建设改革的意见》中提到，到2035年，我国要基本实现教师管理体制机制科学高效，实现教师队伍治理体系和治理能力现代化。教师要主动适应信息化、人工智能等新技术变革，积极有效开展教育教学。人工智能时代，"职业智能化"和"智能化职业"交替发展，人类教师的智能化发展与人工智能教师的职业化发展并行不悖。当人工智能教师的职业化发展如履平地之时，人类教师的智能化发展也应迅速推进，积极主动地适应好智能社会的大调整与大变革。

人类教师的智能化发展，是他们在未来的教师行业不被人工智能教师取代的重中之重，也是人类教师与人工智能教师走向融合的必然选择。任何一个科技大发展的时代，人们都无法选择与世界大趋势抗衡，唯有勇立潮头敢担当，装上前沿科技的铠甲，才能看得更高，走得更远。智能时代的教师也是如此，要想不被淘汰，他们别无选择，不得不加入智能化的行列，跟随潮流而进，走"人机"融合之路。

三、"人机共教"：从对立走向统一

人工智能教师与人类教师之间的论争，从整个教育的发展视角来看，无论谁胜谁负，都将不利于教育的高质量发展——辩证的发展与融合才是最佳的选择。1983年国庆，邓小平同志为北京景山学校题词："教育要面向现代化，面向世界，面向未来。"2019年2月，中共中央办公厅、国务院办公厅印发了《加快推进教育现代化实施方案（2018—2022年）》，该《方案》指出，在社会发展的新时代，要推进教育治理体系和治理能力现代化，稳步促成教育的高质量发展。所以，人工智能时代，教育的发展应该聚集各方力量，努力形成教育合力，在化解人工智能教师与人类教师矛盾的同时，促进教育的整体结构更加合理化。

人机共教，是指人类教师与人工智能教师的共同教学，两者既对立又统一，相辅相成，共同发展。"百年之计，教育为本，教育大计，教师为本"。无论是人工智能教师，还是人类教师，都是挑起教育大梁的担当者，合则两利，分则两伤。可见，人机共教是当下两类教师的最佳发展之路，也是防控人类教师被代替的最佳选择。如图 5-2 所示，"教师智能化"与"智能化教师"，是化解当下人机教师矛盾冲突的两大智能化走向，是人机实现对立统一的总体架构。

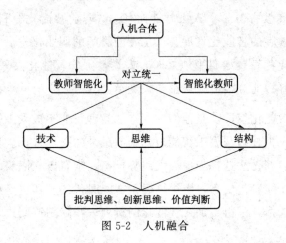

图 5-2　人机融合

在前一节的论述中提到，人工智能教师的教学活动是简单且重复的，但是在特定的教学情境中，它具有执行效率高、标准落实精准的优势，而人类教师却是不具备的，或者说是远远比不上人工智能教师。但不容忽视的是，人类教师无疑在批判思维、创新思维和价值判断等方面具有超越价值，为了突破人机相互竞争与淘汰的循环，为了实现人机融合与发展，务必要从技术、思维与结构三个视角进行融合创新，从而突出未来教师的"非传统属性"。

人工智能教师与人类教师的融合与超越，技术手段是融合发展的现实基础，思维层面的融合是方向保证，结构融合是人机共教的着力点。技术的融合要解决的核心问题是两者之间的鸿沟问题，包括人类教师的"技术盲点"与人工智能教师的"价值盲点"两大子问题。思维的融合，主要是人工智能的机械思维与人类的辩证思维的融合。结构的融合，主要是指人类教师与人工智能教师的各方面素养的结构性契合。

根据 5-2 的人机融合结构图可知，在整个人机融合的过程中，将会促成技术与价值有机融合的未来教师的诞生。在人机共教的整体智能化走向中，未来教师将会形成以人类肉身为载体,技术性知识与技能为护身符,生命关怀与人文价值为灵魂的全能型教学人才或者是教育家,教师的面貌将被彻底颠覆。

因此,从当下做起,在借助人工智能技术教育学生时,需要认识到人工智能教师作为知识传授的强者的事实,也需要引导相关人类教师的教学,要从面向知识体系的传授,转向面向人文底蕴、责任担当、国家认同、跨文化交流等核心素养的培养。学生的创造能力、审美能力、协作能力、知识的情境化运用能力是人类教师所应关注的核心和重点[①],在人类教师与人工智能教师的分工协作中走向统一。

人工智能时代,未来教育人才队伍的培养任务艰巨,其中尤以全能型教师教学能力的培养为关键难点。但无论如何,走人机共教的未来教师之路是必然的选择,也是人类教师真正不被人工智能教师淘汰最为有效的途径。未来教师的出现,需要新的教育方式、教育制度、教育资源与教育结构的支持。若要想尽早发挥未来教师的价值,当前就应该积极开展理论创新与实践落地工作,敞开闭塞的门窗,呼吸新世界的新鲜空气,突破和超越传统教育的藩篱,加速推进教育治理体系与治理能力现代化进程。

---

① 余胜泉. 人机协作:人工智能时代教师角色与思维的转变[J]. 中小学数字化教学,2018(03):24-26.

第六章

教育基石：智能时代的师生关系与教师素养

"移民"与"原住民":智能时代师生之间的代际鸿沟
社会化与反向社会化:智能时代教师向学生学习
智能素养:智能时代教师新素养的提升

"00后"与前几代人不一样,因为他们是"智能原住民"——他们生于智能时代,长于智能时代,他们的一切都与智能密切相关。他们的诞生,反映的是一个时代的发展,体现的是一个时代对人的塑造。

在智能原住民的生活中,与之相对应的是"智能移民",从根本上考量,两者之间存在着明显的差异,正是由于这种差异的过于显著,最终演化成了两代人之间的代际鸿沟。这种代际鸿沟映射到教育领域,教师与学生之间也必然存在着代际鸿沟。但通过教师向学生的反向学习和教师智能素养的提升,一定能在这条"鸿沟"之上搭建起沟通的桥梁。

一、"移民"与"原住民":智能时代师生之间的代际鸿沟

智能新时代,由人工智能技术催生的智能机器在不断地代替人类自身工作的同时,也在不断地创造很多便捷的条件塑造人类本身。这不仅让人们有更多的时间思考未来的问题,还让人们与智能机器的合作成为一种生活常态。

通常情况下,一个极富变革意义的时代,最先能够适应环境的,并不是在某个独立领域已被深度职业定型的群体,恰好相反,他们是年轻一代。人工智能时代正是如此,突飞猛进的智能化趋势,正在以"迅雷不及掩耳之势"渗透人们的生产、生活与思维的各个领域。由于人们对智能技术的认知能力、适应能力、应用能力等方面的差异,在技术层面将人们划分成两种截然不同的身份——"智能原住民"与"智能移民"。

不同的时代背景下,由于技术阈值的差异化,导致技术层面引起的两种身份的划分具有不同的表达方式。互联网时代,人们的两种身份已经生成——"网络原住民"和"网络移民"。归功于互联网技术的发展与演进,它在技术领域架起一座促进人们互相沟通的桥梁,原子化社会逐渐被打破。信息时代,"数字原住民"和"数字移民"是社会成员的基本构成部分,在新兴数字技术面前,两种身份的社会成员对这个时代的世界观和方法论有着显著的差异。大数据和人工智能时代,社会群体的两种身份也在生成——"智能原住民"和"智能移民"。这两种社会身份的存在,集中表达了当今时代整个人类社会中存在的两种不同的文化现象与身份属性。

"智能原住民",是指人工智能时代的原生代公民,由于他们本身"生于智能,长于智能",是在人工智能技术和智能文化环境的熏陶下成长起来的一代人,具有非常强的社会适应能力。简单来说,好像他们一出生,就学会了操作智能手机,对于很多电子产品,都是观摩几次,自己就学会了,基本是"无师自通"。例如,智能游戏,原住民群体在其中来去自如,如果不是有身份认证的关卡,在虚拟的游戏世界里,人们根本判断不出对手是几岁的孩子!

与此同时,他们所接受的教育,也与"其他群体"存在显著差异。智能时代

的原生代公民，机器人编程成为重点课程，与之相关的教育机构应运而生，纷纷开设类似的课程体系。如今，不需要亲临教育现场，只需要在浏览器的检索窗口输入"儿童编程教育"，成百上千条信息映入眼帘，品类齐全，无不反映当下儿童编程教育的热门程度。机器人编程课程，对于"智能移民"是一项挑战，但在智能原住民的印象中，它却是一种生活常态。因为他们从学习中找到了"乐趣"，也在学习中将自己无拘无束的想象力充分表达出来。从目前来看，智能原住民具备三大特征。

一是低龄化。智能原住民诞生的时间与人工智能的"第三次崛起"的时间差不多。所以，现如今的智能原住民具有普遍的低龄化特征。

二是生活智能化。生活智能化是智能原住民最显著的特征，也是智能原住民与"智能移民"存在最大差距的地方。生活智能化是智能技术普遍改变生活的结果，在生活智能化的环境中，出生的低龄儿童，由于本身所处的发展阶段的可塑性和适应能力极强，所以很快就融入智能生活中，成为其中的一部分。

三是智能生活化。这是智能原住民更高一级的特征，它不仅是智能原住民与"智能移民"的差别所在，也是横向区分智能原住民群体的智能化程度的重要依据。从与"智能移民"的差别维度看，智能生活化反映的是智能原住民一种新的生活方式——无智能，不生活。从横向维度看，智能生活化的程度越高，代表原住民适应智能社会的程度越高，意味着他们在将来的社会竞争中将会有更大的竞争优势。

"智能移民"，是指在人工智能时代被动适应社会的人，由于在他们的生长环境中缺乏智能产品的陪伴和智能文化的熏陶，所以无论是在心理上还是社会文化上，他们对人工智能时代的陌生感都非常强烈。对于他们而言，正所谓"一切都是新的"。此外，根据智能移民的态度，又可将之划分为处于逃避状态的智能旁观者和智能难民，以及处于积极投身适应智能新时代的智能顺民。

从智能移民的概念可知，他们属于从其他时代"迁徙"到智能时代的一代人。因为生活环境的剧烈变化，曾经在他们身上显现的"原住民"优势，已经逐渐被新一代的"原住民"所取代。在他们身上，很容易发现与智能时代格格不入的东西，如他们唾弃智能技术，对智能机器人充满焦虑，对智能原住民的智能生活化表示强烈的不满等，无不都是在反映他们身上固有的时代特征。

值得庆幸的是，部分智能移民注意到了这一点，他们开始寻求改变的方法，开始积极学习如何适应人工智能时代，成为智能时代的"顺民"。在智能顺民之中，有的人带领智能原住民创造了很多奇迹，有的人化身智能原住民的导师，将他们从智能时代的危险边缘拉回时代的中心，有的人数年苦心研究人工智能与智能哲学，甘为人师，奉献智能社会。

人工智能时代，智能原住民与智能移民已普遍存在，关于他们之间的争论此起彼伏。由于政治、经济、文化等因素的不同，贯穿于两者之间的鸿沟毅然扎根时代，成为限制时代发展的局限性因素，进而演化成为人工智能时代的"代际鸿沟"，横亘于两代人之间。由此看来，智能原住民与智能移民之间，势必存在着复杂的关系，而冲突、和谐、竞争则是构成这种关系的基本成分。假设抛弃绝对的时空界限，人们可以进一步解释两者现存关系的形成渊源。从根本上看，智能原住民与智能移民之间的"代际鸿沟"，是源于两代社会成员的角色失衡，所以对角色的重塑需要两代人的共同努力。

在大多数人看来，两者之间的关系是影响时代发展的重要因素，对各个领域均有一定的影响，尤其是专注于"培养人"和"塑造人"的教育领域更是如此。如今，人工智能时代的原住民，"00后"是一个分界点，"00后"以后的人们（包括"00后"）将成为智能原住民的主要代表。当你看到不满10岁的孩子用智能手机玩游戏或用智能手机查找高清动画片时，当你看到如今的孩子娴熟地穿行于智能产品的各种应用中时，作为教师的你，是否能够敏锐地察觉孩子的需求？或者说，你是否能够理解他们的所作所为？关于这个问题的回答，或许就构成了智能原住民与智能移民在时代中的冲突、和谐与竞争的现实性诠释。

现如今，在义务教育阶段，教师与学生的关系，正好映射智能移民与智能原住民的对应关系——教师是智能移民，学生是智能原住民。可见，教师与学生之间的代际鸿沟是客观存在的。

人工智能时代，教师与学生之间的代际鸿沟，在本质上反映的是传统教育与现代教育的冲突与隔绝。回顾教师生长的年代，悠闲自在的童年无不令今天的孩子羡慕——悠闲"自"在。"00后"的孩子则不同，因为他们将绝大多数的时间投身于学习之中，由于智能文化的全面浸染，智能已然成为他们生活的一部分——悠闲"智"在。

由此可见，概括而言，今日之教师与学生间鸿沟的形成，核心在于他们感知世界的方式不同，教师是用"五官"感受世界，从而形成对世界的总的观点和看法。学生则是通过智能终端感受世界，他们的世界观更像是间接的世界观（智能原住民如是说），凡事都习惯借助智能终端作为中介，似乎智能才是他们的感官。常言道："有什么样的世界观，就有什么样的方法论。"因此，教师与学生之间世界观的不同，决定了教师与学生之间看待问题的角度和解决问题的方法的不同。

可见，教师与学生之间的代际鸿沟，是影响教学活动效果的重要因素，而问题的解决关键在教师。人工智能时代，教师的角色需要重塑，教师的素养需要重新培养。教师，需要站在时代前沿，要面向学生进行广泛思考，积极向学生学习，积极投身于提升自身素养的行列中，方能"破茧成蝶"，化身学生发展的智慧引路人。

二、社会化与反向社会化：智能时代教师向学生学习

人工智能时代，智能原住民与智能移民的冲突回归到教育领域，表现为教师与学生之间的代际鸿沟，反映的是传统教育与智能教育的不兼容性。师生之间代际鸿沟的存在，除了源于他们世界观的不同，还因为教师与学生接受新事物的能力的差异、智能技术的快速发展、国家教育政策的引导，以及民主、平等、法制等社会主题的时代性关注。

在传统教育中，学生的社会经验主要来自父辈、老师、长者、权威人物等。年长一代充当教育的实施者，社会化的方向是单向的——自上而下的社会化。但在智能时代，孩子、学生、年幼者不仅是社会化的对象，还是社会化的实施者。有时，父辈、教师、长者、权威人物也要受到孩子、学生、年幼者、下属的教育和指引。因此，人的社会化具有双向性，而非传统意义上的单向社会化。这就产生了反向社会化概念。

反向社会化又称为"文化反哺"，是指年轻一代将文化知识传递给年长一代，或者说是传统的受教育者对施教者反回去施加影响，向他们传授社会变化的知识。在传统农业社会里，人们生活在封闭、保守的生活环境中，社会经验的获得方式比较单一，因此儿童的社会化主要受年长一辈的教化。

反向社会化是现代工业社会的产物，尤其是信息社会和智能社会的产物。美

国人类学家玛格丽特·米德在其《文化与承诺》一书中提出,当今世界,代与代之间的矛盾与冲突,既不能归咎于社会和政治方面的差异,更不能归咎于生物学方面的差异,而主要是源于文化传递方面的差异。她把人类社会自古至今的文化分为三种基本形式:前喻文化、并喻文化和后喻文化。

"前喻文化,是指晚辈主要向长辈学习;并喻文化,是指晚辈和长辈的学习都发生在同辈人之间;而后喻文化则是指长辈反过来向晚辈学习[①]。"在后喻文化中,原先处于被教化者地位的晚辈能够"反客为主",充当教化者的角色。米德所描述的这种现象,在人工智能时代表现得更为突出。现实中,大家可以经常看到,许多教师都是从自己的学生那里学会了操作计算机、制作课件、使用 PS 软件、智能数据库检索、电子书下载、智能购物、正确使用微信等,这正是后喻文化的现象表征。

(一) 反向社会化的成因

米德认为,在后喻文化中,原先处于被教化者地位的晚辈之所以能够充当教化者的角色,是因为古往今来没有任何一代能够像他们一样经历如此巨大而急速的变化,也没有任何一代能够像他们这样"了解、经历和吸收在他们眼前发生的如此迅猛的社会变革"。具体说来,在人工智能时代,之所以产生反向社会化,其主要原因有如下几个方面:

首先,师生接受新事物的能力的差异。教师通常因年龄与时代背景的限制,接受的新事物、新观念、新思想能力有限,导致观念陈旧落后。学生一代,尤其是儿童和青少年学生,对新事物充满好奇,并善于接受新事物、新思想、新观念。因此,在师生交流与互动中,不是学生向教师学习,而是教师向学生学习,反向社会化自然而然就形成了。

其次,科学技术的快速发展。进入智能社会后,以人工智能为代表的新一代科学技术迅速发展,社会受到前所未有的冲击。科学技术不仅改变了人们的生活方式,而且使人们的社会交往呈现出短暂性、多样性和新奇性等特点。面对科学技术,尤其是人工智能技术的冲击,年长一代受过去思维定式的影响,不能迅速做出适应性的变化,而年轻一代则未形成思维定式,面对社会的日新月异有较强

---

① 玛格丽特·米德. 文化与承诺——一项有关代沟问题的研究[M]. 石家庄:河北人民出版社,1987:27.

的接受和适应新事物的能力，他们能自由地做出选择。然后，他们会以自己的实际经验影响年长一代的人，即做出"反哺"行为，出现反向社会化。

最后，民主、平等、法制的社会主题。民主、平等、法制是现代社会的主题。在此背景下，学生的自主意识、民主和平等意识不断增强，他们往往表现出富有创新意识和进取精神。他们在接受传统文化时，敢于大胆创新，敢于在教师原有知识结构中注入新内容，帮助教师接受新事物，更好地适应社会的新变化。

(二) 反向社会化的意义

虽然教师都把关注的目光放在学生的社会化过程中，把学生的发展看得高于一切，但反向社会化意义也不容忽视。20世纪60年代末70年代初，在社会信息化的基础上开始逐渐形成反向社会化的社会文化，并随着社会科技化程度不断加深，反向社会化的意义越发明显——它的出现为社会变革注入新活力、利于缓解师生代际冲突、利于师生的和谐共处和共同发展。

首先，反向社会化为社会变革注入新活力。中国人常说："长江后浪推前浪"。阿克夫在其著作《翻转式学习：21世纪学习革命》中说，"大部分教师——无论他们接受了怎样的训练——都不能指望自己在课堂上教授的内容可以跟学生随意从自己选择的来源那儿获得的东西相媲美[①]。"阿克夫想表达的主要观点是，教师所掌握的知识观念毕竟有限，与学生的群体智慧相比，难免过于逊色。智能新时代，学生的发展是无止境的，所以学生不能满足于教师所传递的东西，而是要不断地创新与进取，才能有力地推动社会向前发展。当学生把自己的新价值观念、生活情趣、思维方式通过与教师的互动传递给教师，一旦被教师所接受，就能有力地促进社会发展，为社会变革注入新活力。

其次，反向社会化利于缓解师生代际冲突。代际的心理距离，常常是由师生之间的思想观念、思维方式的差异和缺乏有效沟通造成的。反向社会化不仅能很好地改善教师的思想观念和思维方式，使教师更好地理解学生的创造性和进取精神，也有利于增进两代人之间的相互理解，促进教师接受青少年亚文化的合理内容。这种有效的互动缩小了师生之间的代沟，缓解了师生代际冲突，促进了师生

---

① 阿克夫，格林伯格. 翻转式学习：21世纪学习革命[M]. 杨彩霞，译. 北京：中国人民大学出版社，2014：36.

关系的和谐发展。

最后,反向社会化利于师生的和谐共处与共同发展。一般社会化与反向社会化的共生互补,表明人工智能时代的教育与学习已经不再是传统社会师生之间的单向活动,而是双向乃至多向活动。这不仅为教师顺应社会生活、继续追赶时代潮流提供了可能性,同时也加重了学生的历史责任感,对师生的和谐共处和共同发展是十分有利的。

(三) 反向社会化对教育的启示

理解人工智能时代的反向社会化,对当代的教育具有重要启示。

转变教育理念。在传统社会里,有严格的等级次序。在这种社会背景下,学生通常被要求对教师毕恭毕敬,言听计从,完全遵守教师的意志。"即使在不久以前,教师仍然可以毫无愧色的训斥年轻一代:'你应该明白,在这个世界上,我曾年轻过,而你却未老过。'但是,现在的年轻一代却能理直气壮地回答:'在今天这个世界上,我是年轻的,而你却未年轻过,而且永远不可能再年轻。[①]'"

在智能时代,这段话更有意义,因为教师获取信息和知识的途径发生了根本性的变化,学生的平等、民主、自主的意识大大增强,教师继续沿用传统的教育方式和方法来教育学生,显然已经过时。在这样的时代背景下,教师要转变传统的教育理念。只有这样,才能迅速适应社会,接受新事物,才能更好地教育学生。

教师要虚心向学生学习。今天的教师,不仅要认识到社会化是一个终身的过程,而且更要认识到反向社会化的重要意义:不仅要勤奋好学,而且要善于学习,特别是要虚心向学生学习,从学生那里学习新知识、新技术,从而能够紧跟时代步伐。在与学生的共同学习和共同进步的过程中,不断提高自身素质,扮演好合格教师的角色。教师只有虚心向学生学习,才能真正做到教学相长。

无论教哪门课程,尤其是教新一代信息技术和新一代人工智能技术知识,教师都要努力学习现代科学技术知识,对学生感兴趣的新知识和新话题保持高度的

---

① 玛格丽特·米德. 文化与承诺——一项有关代沟问题的研究[M]. 石家庄:河北人民出版社,1987:74.

持续关注，熟练使用微博、微信、微课、慕课等新型社交工具和教学手段。在与学生的互动交流中，更新自己不合时代的理念，善于从学生中学习新知识和新技能。只有这样，才能缩小师生代沟，成为受学生欢迎和爱戴的老师，在教学相长的过程中不断提升自己"教书育人"的水平。

教师要广泛发展个人的兴趣爱好。常言道："兴趣是最好的老师"。人工智能时代，社会发展需求呈现多样化特征，为适应社会的发展需求，各种社会教育机构应运而生，机构服务涵盖书法、音乐、舞蹈、诗歌、英语口语与听力、智能技能考证等，教育机构服务几乎覆盖整个社会的发展需求。现如今的学生，基本都是在各种辅导班中成长起来的一代，学生的兴趣爱好广泛，知识面极广。因此，作为希冀通过求学实现"全面发展"的老师，应该积极向学生求学，对学生热爱的各方面都要有所接触，并广泛发展个人的兴趣爱好，以期增加师生之间对话的谈资，增强教师自身的专业素养与人格魅力。

提前做好培养学生的准备。当今时代，知识更新愈来愈快，准教师要在知识、技术等方面紧跟时代步伐，尤其要努力学习物联网、大数据、云计算、人工智能技术。在教育领域，传统的理念和方法，已经不再适应培养现代人才的实际需要。在这种背景下，作为年轻一代的准教师，应该提前了解社会和科技的变化，更新自己的教育的理念，探寻最适合学生的新时代教育方法。社会中有许多在教育方面成功的老师，他们的教育理念和教育方法是值得借鉴的，如共享课堂教育就是一种有效的途径，通过共享"好课堂"，使准教师们充分了解和快速接受其他成功教师的教育方式和经验，为培养好自己的学生提前做准备。

三、智能素养：人工智能时代教师新素养的提升

我们生活在一个社会急速变革和发展的时代，个人的发展得益于社会整体的发展，社会整体的发展为个人的发展提供必要的前提和条件，同时也对个人的发展提出时代性的要求。换言之，个人的发展是社会发展的产物。在智能新时代背景下，教育领域的整体性智能化变革，使教师拥有的原本只能适应传统教育的素养亟待重新培养，以适应人工智能教育的发展。

智能新时代的到来，作为智能原住民的学生与作为智能移民的教师之间的代际鸿沟的客观存在，束缚了教育的发展进程。但在社会化与反向社会化的过程中，教师逐渐认识到自身的缺陷与不足，便开始反向学习学生的优点和长处，拉近了师生之间的距离，减弱了代际鸿沟的约束力量，提升了教师的综合素养与教学效果。

为更进一步改善智能教育教学效果和教学质量，有必要在智能新时代专门研究教师素养培养的问题。教师素养，是指教师的素质和修养。良好的教师素养，对于教育的发展意义重大。一个缺乏专业素质与基本教学修养的教师，是无法教授出好学生的。

麻省理工学院教授帕特里克·亨利·温斯顿（Patrick Henry Winston）认为：“人工智能就是研究如何使计算机去做过去只有人才能做的智能工作。”也就是说，人工智能技术的出现，一部分职业和一部分人的工作注定是要被取代的。在这样的时代背景下，教师素养应该怎样培养才能更好地适应时代，而不是走向被人工智能教师取代的境地，是一个非常值得关注的问题。

基于此，与人工智能教育相适应，教师素养的培养应该涉及教师的专业素养、人文素养与智能素养的综合培养。

教师专业素养的培养，包括教师专业知识、专业能力与人文素养的培养。教师专业知识的培养，其目的在于培养教师渊博的学识。人工智能时代，教师渊博的学识得益于开放包容的学习架构，教师应该树立正确的终身学习观念——"活到老，学到老"，而不是止于求学与教学期间。另外，在岗教师与准教师，都应该跨界学习，广泛积累，增强阅读的知识面，培养自身"触类旁通"的学习能力。

教师专业能力的培养，核心在于专业实践技能的培养。作为人工智能时代的教师，首先要注重培养自身的思维能力，包括大数据思维、相关性思维、成长性思维与发展性思维等。多元思维架构的形成，有利于教师在教学实践过程中减少思维定式的束缚，在一个更加开放的思想体系中灵活运用教学技能。专业实践技能是连接教育理论与教育实践的桥梁。人工智能时代的教师，应该科学地掌握学科教学与课程论的基础技能，正确把握教育学原理、教育心理学等相关知识的现实应用场景和应用步骤，在教学过程中做到

"心中有数"。

对于要传授给学生的知识,教师要根据学生的个性化发展需要,选择新颖、独特、趣味性与思想性并存的灵活教学法,不断地激发学生知识建构的能力。美国强调培养21世纪新技能,其中为人熟知的就是"4C能力"——批判性思维和问题解决能力、创造性和自主学习能力、交流与合作能力、跨文化理解和全球意识[①]。当今时代,教师与学生都是21世纪的受益者,同时也是21世纪要接受时代挑战的人。因此,"4C能力"也应该成为现代教师与学生所要具备的能力和素养,那么教师势必就要首先掌握这四项基本能力。

教师人文素养的培养,涵盖教师专业情感的培养和教师人本价值观的培养。教师的专业情感的培养关系教师的专业态度和专业情感,教师在专业素养培养的过程中,若能养成对教育事业的执着而热烈的爱,将成为教育成功的开端。因此,教师的专业素养培养,应该加强教师的职业操守的规范教育,加强教师的职业伦理道德教育,建设适合教师发展的和谐机制和激励机制,提升教师职业的认同感和归属感。教师人本价值观的培养,与植根于社会的人本主义价值观息息相关。人本价值观强调人的本体价值与意义,强调人的尊严与价值,强调教师教学活动应该以"学生为中心"。

人工智能时代,要加强教师人文素养的培养。人文素养的培养,要求教师不仅要考虑教学目标,更要把情景创设看作是教学设计的重要内容,要从有利于学习者对所学内容进行意义建构的角度出发,创设丰富的学习情境,加强与学习者之间的交流与合作,并尊重学习者独特的情感和体验[②]。人工智能时代的教师,不再是为未来职业做准备,而是真正为自己也为学生的终身学习、终身发展而准备,让师生教学相长,共同学文化、启心智、爱生命。

智能新时代,培养教师的专业素养和人文素养的同时,要更加重视教师智能素养的培养。智能素养,是数据素养和信息素养的深化和延伸,包括智能意识与智能技能等。人工智能时代,智能素养是教师适应时代发展的核心素养,教师能否养成智能素养是教师是否会被人工智能教师取代的关键。人工智能时代,智能

---

① 学前教育. 人工智能时代,教师如何实现专业成长?[OL]https://www.sohu.com/a/276551489_764156.

② 吴学兵. 思想政治理论课程学习研究[M]. 北京:中央编译出版社,2012:19-20.

素养是教师应该具备的基本素养,素养的养成对教师的思维能力、教育技术能力、读懂学生的能力、教育科学研究能力有着重要的影响。对其培养要从智能意识与智能技能两方面入手。

一方面,要强化教师智能意识。智能意识是智能素养的先导。智能意识包括智能主体意识、智能生存意识、智能获取意识、智能共享与安全意识、智能创新意识、智能人才意识和智能伦理意识。主体对智能的敏感性、洞察力、判断力,以及对智能价值的挖掘程度直接取决于主体是否具备智能意识。为了提高教师的智能意识,需要在社会上营造一种尊重智能、使用智能的社会文化氛围。同时,还要利用新旧媒体的力量,在社会上进行广泛的智能宣传和教育,使教师意识到智能的重要价值,意识到智能对自身的生存和发展的必要性,切实提高教师的智能意识。教师要熟知智能素养对于自身教育教学的功效,要积极学习与智能素养相关的知识,包括素养的基本定义、相关的科学常识、实操技能以及正确的思想和价值观念等。同时,也需要教师拥有主动进行智能素养培养的自觉,教师作为教学活动的引导者与设计者,要求学生应该具备的素养,教师应该首先养成,才能更好地促成学生相关素养的快速养成。此外,学校也要通过不同的教学平台对学生加强智能素养教育,为培养其智能意识奠定良好的基础。

另一方面,要培养教师的智能技能。教师在培养自身智能技能时,要积极把握智能知识与智能意识的转化技巧,以正确指导智能技能的模仿训练活动过程,时刻保持对数据、信息、智能等方面的基础知识和实操条件的敏感度,以确保教师能对智能素养的培养过程保持批判能力和创造能力。另外,人工智能时代的教师,培养智能技能要注意综合性的练习,不能只局限于某个独立的智能技术,应该在技能训练的中后期不断拓展训练的知识面,包括深度学习、自然语言处理、图像识别、语音识别、智能编程、智能机器人、分布式与智能博弈等技术。训练的过程中,要不断地完善人机界面,不断增强自身对智能机器和智能系统的控制能力和协调能力。最终,在智能技能的训练中,完成技能由被动到主动的转化,实现智能技能的自动化,达到智能技能的熟练运用水平。

人工智能时代,基于社会与学生的发展要求,教师要做更有爱、有温度的教师;要做更有情、有文化的教师;做更有趣、有通识的教师;要做更有才、会学习的教师①。教师必须加强对教师专业素养、人文素养与智能素养的培养。教师新素养的养成，能够有效帮助一线教师正确地运用人工智能技术开展教学工作，提高教学效率，改善教学效果，促进教学的良性发展。教师新素养的养成，也能够助力教师与学生之间形成共同的语境，促进师生之间的共同合作与发展；有利于教师形成"以学生为中心"的教育价值观，突出学生在教育活动中的主体地位和教师的主导地位，促进学生的个性化发展。

---

① 华卫星. 谈人工智能时代教师素养的提升[J]. 现代职业教育，2017.

第七章

通才之路：新工科与新文科教育

社会需求：大教育体系的构建
制度审思：文理分科教育的局限
新工科教育：人工智能赋能新工科教育
新文科教育：人工智能赋能新文科教育
科学综合化：智能时代大学人才培养的重要路径

2018 年 10 月 8 日，教育部、工业和信息化部与中国工程院联合发布《关于加快建设发展新工科实施卓越工程师教育培养计划 2.0 的意见》。《意见》指出："为适应新一轮科技革命和产业变革的新趋势，紧紧围绕国家战略和区域发展需要，加快建设发展新工科，探索形成中国特色、世界水平的工程教育体系，促进我国从工程教育大国走向工程教育强国。"继新工科之后，发展新医科、新农科、新文科的思想逐渐被提出，截至目前，关于各科的发展，国家、社会和教育部门已经探索出一些新理念、新标准、新模式、新方法、新技术和新文化，社会各界正在尝试落地。

一、社会需求：大教育体系的构建

教育，事关个人前途和国家命运，教育质量的高低也直接影响社会的发展。社会，是由人组成的社会，最小的单元是每个独立的个人。马克思说，人是一切社会关系的总和[①]。社会是所有人的一切社会关系的总和，人的素质反映社会的整体素质，人的格局决定了社会的整体格局。值得注意的是，人的格局与教育休戚相关。因此，良好的教育环境对于社会的整体格局的塑造功能是不言而喻的。

关涉社会发展的理论也势必要谈及教育与人的发展方面。当今社会，是一个"文明大转换"的社会。科学技术的渗透力量，已经延伸至社会的每一个"细胞"，教育、医疗、就业、餐饮、交通、政务、社交、工程建设、农业发展等，无一例外。随着大数据、物联网、人工智能技术的不断发展，社会各领域在技术层面的卷入程度不断加深，社会的技术化形态越发明显，继农业社会、工业社会、信息社会之后，以智能技术为载体的智能社会日渐生成。

随着智能社会的到来，各种新情况、新变化、新问题呈"井喷式"涌现，对社会的治理体系和治理能力造成了新的冲击。教育的质量决定人才的质量，为适应社会发展的"新"常态，教育必须革故鼎新，以培养新的社会人才为目标，从而推动智能时代的发展。

目前，中国的常住人口城镇化率只有58.5%，中国的城镇化率要继续推向75%~80%，城市还将继续扩大。从2012年开始，我国的劳动力供给总量开始下降，必须大幅度地对劳动人口进行培训和提升教育，提升劳动力人口的素质，新的人口红利即将到来[②]。由此可见，社会的发展，随时都会有新情况、新变化、新问题的出现，要求社会的应对方式必须是"在发展中进行应对"。怎么发展？当然要从教育中培养新生代人才，为社会的发展提出创新性的战略方向。因此，教育的未来发展势必要跟上"三个步伐"：社会经济发展的步伐、科学技术

[①] 中共中央编译局. 马克思恩格斯选集(第1卷)[M]. 北京：人民出版社，1995：56.
[②] 新华网客户端. 中国社会的未来发展有哪些趋势？｜思客问答[OL]. [2018-12-21]. https://baijiahao.baidu.com/s?id=1620411832929840975&wfr=spider&for=pc.

发展的步伐和社会文化发展的步伐。

教育要跟得上社会经济发展的步伐。智能时代，智能经济的发展，经济制度、经济结构、市场机制、生产制造、销售与服务等，都将掺杂时代元素，在经济领域的一切，都将走向智能化。因此，教育的发展也要顺应社会经济发展的需求，要迅速走教育转型之路。时代的改变，意味着创造社会财富的方式要改变，社会劳动力的素质与结构也要随着智能经济而改变，这是必要的教育思考，否则很容易危及劳动者的"饭碗"。教育势必要为社会经济发展而服务，要跟得上社会经济发展的步伐，要走上智能化的道路。

教育要跟得上科学技术发展的步伐。教育的发展形态，在科学技术的影响下存在演变的可能，智能教育技术的诞生，便是科学技术在教育领域演变的结果。就课堂而言，"粉笔"与"黑板"是传统课堂的知识展示媒介，但智能技术的出现，这种知识展示媒介逐渐远离了学生，取而代之的是一种新的知识展示媒介。譬如，新媒体课件、投影仪、大数据人工智能平台、微信公众号等，不仅适应学生的生活环境，还能在技术层面进行学习过程的数据化记录和可视化分析。科学技术的发展，很大程度上改变了学生知识获取的媒介和方式，改变了学生学习过程的审美感与体验感。教育的发展，势必要跟上已被新兴技术塑造的这种新型社会形态。

教育要跟得上社会文化发展的步伐。如今，人工智能技术正在从根本上改变社会文化的生产、传播与价值变现的过程，智能元素在社会文化环境中的价值逐渐提升。教育相较于社会文化而言，其本身也是一种文化的生产、传播与筛选的工具，希望通过创新教育的方式，推动每个社会成员的自由灵魂都能在更大的文化框架内得到表达。现实生活中，每个人发现生活意义的方式都与此人生活于其中的文化环境密切相关[1]。那么，既然人们已经生活在一个智能文化空间中，教育能为发展该种社会文化提供人才，为传播社会文化提供渠道，为创新社会文化提供方法论。教育的发展，要能在社会文化的结构系统中找到重合点。

社会的发展反推经济、技术与文化的发展，也对教育提出新的发展要求。因此，人工智能时代的教育需要形成什么样的教育格局才能满足智能时代的社会发

---

[1] 阿克夫，格林伯格. 翻转式学习：21世纪学习革命[M]. 杨彩霞，译. 北京：中国人民大学出版社，2014：137.

展要求，这是一个值得深思的问题。

为了能够满足社会发展对教育提出的要求，教育系统本身的属性应该是一个开放且包容的教育体系（如图7-1所示）。在这个教育系统中，应当包括各种形态的教育，如网络课堂、职业教育、基础教育、高等教育、社会职业培训、学前教育、家庭教育、学校教育、社会教育、全纳教育等，最终形成一个形态多样、结构多元、教育方式多维的人工智能教育巨系统，以期从广域的教育领域回应社会总体需求。同时，为了能够实现教育为未来生活做准备，如今的教育还应该着眼于"通才教育"领域，积极借助人工智能技术，开展人工智能时代的新文科教育与新工科教育，在立足于现实生活的前提下，超前布局未来人才市场。

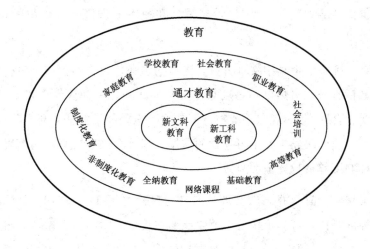

图7-1 开放且包容的教育体系

开放且包容的教育体系，本身就包含着教育者对分科式、专业式教育模式的反思，它并不排斥现存的这种分科教育，但是对此进行反思的结果值得人们思考。因为在通才教育到来之前，对文理分科教育的缺陷的探讨，相关的成果定能在通才教育体系的构建中发挥现实的作用与价值。

二、制度审思：文理分科教育的局限

文理分科是指从高一进入高二时，制度性地将"语数英、政史地、物化生"

的综合性学科，统一分为文科（语数英、政史地）和理科（语数英、物化生），学生可根据自身基础和兴趣爱好，选择其中的一科进行继续学习。高中阶段的文理分科对于求学之人而言，仿佛是整个人生的分水岭，不同的选择代表了不同的思维方式、学习方式和今后的生活方式，从一开始就选择文科的人，很少再有机会与理科搭上很深的关系。当然，选择理科的学生若在高考后想转学文科，相比较而言，要比文科生转学理科容易些。这应该是与两种学科之间存在的藩篱有很大关系。

正是两科之间藩篱的存在，加之两种选择最后接触到的教育资源也是天差地别，社会开始思考这种"藩篱"与"差异"的存在，是否会转变为文科生与理科生之间的价值"藩篱"与"差异"，这是站在教育的宏观角度作出的理性思考，确实值得深思。

近几年，呼吁取消高中文理分科，进而实施通才教育的改革措施引发社会广泛热议。概括起来，对热议的态度总体可分为两种：一种认为需要"分"，另一种认为需要"合"。既然观点不统一，那就说明文理分科教学"利弊共存"，或者说它在某段时间确实发生着不可替代的作用。当社会的不同呼声逐渐增强时，又反映出该种制度弊端也逐渐明显。

从历史视野上看，我国的文理分科教育模式是源于苏联（1991年前）教育模式。这种教育模式有一个优势，就是能够在较短的时间内迅速培养出从事各行各业的专门人才。换言之，分科教育模式很适合为社会的工业化大生产提供专门服务，这与当时的苏联和中国国情都很贴近。

但历经几十年的工业化发展，同样是工业领域，人们也开始追逐"智能制造""无人工厂"这样的深度科技化生产方式，社会对人才的要求，已经从单个领域的专门人才转向多学科融合的复合型人才。社会对人才需求的变化，自然会迅速通过市场机制反馈到教育系统中，所以才引发了全社会都在关注的问题：文理到底应不应该分科？

要想回答这个问题，难免需要关注文理科的"分"与"合"的利与弊。前文对于分科的优势已经论述过，归结起来主要为两点：第一，它可以短时间培养更多的专门人才，并迅速投身于国家的工业化建设中去创造价值；第二，学生可以根据自己的兴趣爱好进行选择性学习，能够减轻学生的学习负担，体现教育制度的人性化。

然而，对于长期从事教育工作的人来说，可能并不这样认为，因为该制度本身确实存在一些弊端。它制度性地直接将人的发展进行了二元划分，并且在文理分科完成之后，各科的学生都将出现知识根基不稳的问题。1948年，建筑大师梁思成专门对文理分科的教学模式进行了一次演讲——《半个人时代》，他在演讲中强调，科技和人文的分离，必然会导致出现两种畸形人——只懂技术而灵魂苍白的空心人和不懂科技而喜谈人文的边缘人。为此，他在现场呼吁大家，需要共同致力于走出"半个人时代"[1]。

此外，从学生的长远发展来看，文理分科的教育价值取向存在的主要问题是不能有效促进学生的全面发展。文理分科教育的出现，是源于教育的功利主义倾向。教育知识选择被功利熏染，越来越朝功利主义方向发展。人们对待教育知识，总是希望它时时处处与今后的生活和职业挂钩，而往往忽视了教育知识促进人的精神和人格发展的价值[2]。

可见，文理分科确实引人深思，特别是近期很多大学开始走新工科与新文科发展之路后，分科教育走向综合教育的社会倾向更为明显。总而言之，当下的分科教育应该是国家的某种发展形态在教育上的呈现，分科教育只是一种过渡形式，应该要随着国家和社会的发展而作出相应的调整。当分科教育开始违背教育宗旨、教育目的与教育规律时，不符合教育促进人的全面发展的要求时，这种调整就更有必要。对于"文理到底应不应该分科"的问题，人们心中自然有了答案——通才教育，走文理大综合的教育路线，新文科教育与新工科教育孕育而生。

任何新事物的诞生，都不是简单的"偶然因素作用的结果"，其中不乏必然性的支配。新工科教育的诞生，便是社会发展的必然性支配力量在教育体系中的现身。新工科教育与新文科教育共同构成了通才教育的两个方面，分别从两个不同的视野环顾通才教育的全局性问题，为培养通用人才、复合型人才开拓新路径。"广博"与"专精"是培养通用人才的两大标准，必须要齐头并进，共同发展，通用型人才方可塑成。

---

[1] 吴振勇. 加强理工科大学生的人文素质教育[J]. 天津大学学报（社会科学版），2001：268-270.
[2] 陈建华. "文理分科"：基础教育价值取向的扭曲[J]. 南京社会科学，2009（04）：97-101.

三、新工科教育：人工智能赋能新工科教育

人工智能时代，经济全球化、政治多极化、文化多样化趋势明显。兼具工具性与价值性的人工智能技术，已成为各国在全球高端领域竞争的核心竞争力，超前布局人工智能战略，是大势所趋。随着人工智能第三次浪潮滚滚袭来，人工智能与实体经济的融合程度不断加深，关于人工智能的应用以及问题解决方案更是炙手可热，人工智能在各领域的价值开始从"冰山一角"的粗糙运用，逐渐过渡到"水面以下"的整个价值体系的结构性赋能，"人工智能＋"的应用进入社会常态化阶段。

为主动适应全球化发展趋势、全球化的竞争环境、国家的新发展战略，专门用于支撑理论创新与产业技术变革的新工科教育进入公众视野。随着新兴技术的崛起，新产业、新经济、新社会、新生活由远及近，正在抵达人们生活的此岸，一股技术化浪潮正席卷社会各个角落，各种产业模式的发展，都在呼唤新时代的人才，呼唤具有交叉学科背景的复合型新工科人才。为此，工科人才的培养就要走一条变革之路，一条有别于传统工科教育的新路。

新工科教育，顾名思义，就是在传统工科教育基础上的新一轮创新型教育，是一种工科教育的新理念、新结构、新模式、新实践。

相较于传统工科教育，新工科教育的"新"，主要体现在"需求、课程与方法之新"上。在一定的时间跨度中，"传统"与"新"没有绝对的区别与联系。所谓的"新"，是相较于"传统"基础上的时代性呈现。从社会需求层面来讲，能够适应社会发展需求的教育就可谓之"新教育"。所以，新工科教育的"新"需要从传统工科教育的缺陷说起。换言之，就是传统工科教育所培养的人才数量和质量，与社会发展需求之间存在供需矛盾。根据《光明日报》报道，到2020年，我国新一代信息技术产业、电力装备、高档数控机床和机器人、新材料将成为人才缺口最大的几个专业，其中新一代信息技术产业人才缺口将会达到750万人。到2025年，新一代信息技术产业人才缺口将达到950万人，电力装备的人

才缺口也将达到900多万人①。

高质量人才的缺乏，对于经济社会的飞速发展而言，存在着潜在人才危机。纵观整个教育系统，传统工科人才培养的规模并未压缩，且在经济持续发展的当代，其规模仍然有扩张趋势，教育系统产出的工科人才并未减少。但是，为何新一代信息技术产业的人才缺口会持续扩大？这是源于新兴产业的发展，社会对人才培养的规格提出了新要求，传统工科教育产出的人才不能有效适应现实需要。随着新兴技术的不断发展，物联网、大数据、云计算、人工智能、数字孪生、5G网络等技术迅速走向应用与实践阶段，与之相关的新兴产业领域，对人才的需求出现重大变化，需要兼具社会前沿领域的技术背景和时代价值观两方面的条件，才能更好地满足就业岗位的需要，满足就业单位对人才的特殊要求。

教育是最好的投资，但通常情况下，就业单位不会为人才成长的长期过程买单，他们只关注教育的结果，即人才的成型价值。所以，新技术催生的新产业，在人才市场的拉动作用下，人才的匮乏迅速引起教育系统的响应，为新产业培养新人才成为新工科教育与传统工科教育相区别的重要方面。

新工科教育的"新"，还体现在教育课程的新。新工科教育，在继承传统工科教育优势的基础上，开设了与社会发展相适应的新一代课程体系。2018年，教育部办公厅发布《关于公布首批"新工科"研究与实践项目的通知（教高厅函〔2018〕17号）》指出，要加快形成一批可推广、可复制的改革成果，在新兴工科的课程体系、新形态教材和教学内容、在线开放课程、工程教育师资队伍和实践基地等方面实现突破②；并在《通知》中进一步公示来自全国高校的612个新工科研究项目，涉及的改革类课程范围具体如表7-1所示。前五项课程改革集中在大数据和人工智能技术领域，与之相关的独立课程应运而生，如数据科学与数据技术、物联网工程、机器人工程、智能科学与技术、智能电网信息工程、光电信息科学与工程、大数据与人工智能、软件工程、人工智能等专业课程。

---

① 光明日报. "新工科"新在哪儿[OL]. [2017-04-03]. http：//edu.cnr.cn/list/20170403/t20170403_523690794.shtml.

② 教育部. 首批"新工科"研究与实践项目的通知[OL]. [2018-03-21]. http：//www.moe.gov.cn/srcsite/A08/s7056/201803/t20180329_331767.html.

表 7-1 新工科课程改革体系涉及范围

1	人工智能类	11	土木、建筑、水利、海洋类
2	大数据类	12	能源、电气、核工程类
3	智能制造类	13	食品、农林类
4	计算机和软件工程类	14	环境、纺织、轻工类
5	电子信息、仪器类	15	生物、医药类
6	机械类	16	数学、物理、化学、力学类
7	自动化类	17	安全、公安、兵器类
8	航空航天、交通运输类	18	医工结合类
9	矿业、地质、测绘类	19	工科与人文社科交叉类
10	材料、化工、制药类		

与教育部新工科课程改革与实践相呼应，地方高等院校的课程体系开始驻足新领域，大数据、人工智能、虚拟现实、云计算等专业纷纷进入大学。截至目前，全国已有 40 余所大学开设人工智能学院。仅在 2019 年上半年，就有北京大学、中国人民大学、西安交通大学、东南大学等在学校内开设人工智能学院。预计在 2025 年前后，大数据人工智能学院与专业的开设将迅速扩及全国各级各类学校，受益学生呈现全面覆盖的特征。

2019 年 10 月下旬，全球第一所人工智能大学——穆罕默德·本·扎耶德人工智能大学（MBZUAI）在阿联酋阿布扎比宣布成立，旨在"为人工智能领域引入学术和研究的新模式，向学生和教师提供全球最先进的人工智能系统，释放人工智能在促进经济和社会发展方面的潜能。"从人工智能学院，到人工智能研究院，再到人工智能大学，关于人工智能的课程开发，已经实现了较为全面的覆盖。

新工科教育的"新"，还将体现在教育方法上的"新"。大数据和人工智能时代，新工科教育与大数据人工智能技术将"难舍难分"，智能化、人文化、协同化、多元化与个性化教育将成为新工科教育的基本特征。

大数据人工智能技术将进一步渗透整个新工科教育体系，新工科教育的各大专业课程将在大数据人工智能技术的支撑下，更加凸显个性化教育的价值。基于数据的人工智能教育算法模型的构建，新工科教育对象的知识、行为和情感等方面都能得到个性化表达。基于学生、教师与学校的透明化与数据化，教育的方式方法逐渐发生变化，从传统的填鸭式、灌输式教学走向个性化、启发式和参与式教学，最终实现新工科教育领域的人本主义教育方法论的大转换，在方法论上实现新工科价值与人文价值的统一。

"人工智能＋"的应用进入社会常态化阶段，引发传统工科教育的变革，一系列工科教育新特征显现，新工科教育走在教育发展的前沿。人工智能技术的渗透力量如此之大，对工科教育的价值较为突出，人们开始探寻人工智能教育在新工科教育领域的应用与解决方案，进一步推进智能元素与新工科教育的融合。

2016年，教育部将新工科建设提上日程。2017年被称为人工智能应用元年，人工智能的应用与新工科建设同生共长，两者之间的融合有章可循。应用，是指适应需要，以提供使用的意思。人工智能应用，是指人工智能技术适应社会发展需要，以技术本身供社会各领域使用。在人工智能时代，人工智能应用与新工科教育的融合，主要是把人工智能技术融入新工科教育全过程，实现新工科教育的现代化发展。

面向学生的个性化学习。人工智能技术运用于新工科教育，有利于通过人工智能系统平台，构建面向学生的个性化学习系统，结合新工科教育的特征与教育规律，针对学生开展个性化教学。以学生个人学习过程中累积的数据为基础，构建专属于特定学生的学习模型，在智能模型的帮助下，学生的学习盲区能够得到迅速填补，学习误区能够得到迅速矫正，学生情感能够得到迅速识别，学习的需求能够得到及时有效的个性化反馈，学习方案的制定与学习资源的获取都将呈现为个性化。人工智能技术融入新工科教育，推动新工科教育个性化的实现，有利于学生借助新工科的跨学科学习系统，突破学科藩篱带来的学习困境，在启发式、参与式的个性化学习系统中，培养出具备"12种思维能力[①]"的新工科人才。

面向教师的精准化教学。教师精准化教学的实现，需要对接新工科教育对象的需求，两者实现精准衔接。随着人工智能技术应用于新工科教育领域的逐渐深入，兼具语音识别、视觉识别、自然语言处理与深度学习能力的人工智能教育系

[①] 2017年8月，麻省理工学院（MIT）启动了新一轮的工程教育改革"新工程教育转型"（New Engineering Education Transformation，NEET）计划，提出新工科人才应具备的12种思维：学习如何学习、制造、发现、人际交往技能、个体技能与态度、创造性思维、系统性思维、批判与元认知、分析性思维、计算性思维、实验性思维及人本主义思维。

统，能够及时有效地考察学生的学习情况，即智能化的学情分析。能够以学生的学习大数据为基础，迅速识别学生的学习特征、学习方法、学习效果、学习兴趣、学习成绩，并在此基础上进行学情模型建构，在学生学习模型泛化的过程中，能够有效地洞察学生学习过程中存在的症结。譬如，学生在工业设计、增材制造、虚拟现实理论等方面存在知识漏洞，系统便会输出关于此知识漏洞的学情数据，指导教师改进教学方案或方法，并为有特殊需求的学生提供个性化教学。

面向学校的科学化管理。学校管理的科学化，是人工智能技术在新工科教育领域的重要应用，它将有效提高学校管理效率和管理质量，促进整个学校管理体系的服务转型升级。运用人工智能识别技术，积极挖掘学校管理领域的大数据，可视化与透明化管理系统的物理属性，形成"用数据说话、用数据决策、用数据管理、用数据创新"的学校教育管理系统格局，促进学校安全管理、教学管理、资源管理、评价管理等方面的科学化、制度化与常态化。突破传统院系利益格局，鼓励各院系之间的融合，推进新工科办学资源的共享和分配合理化；考核机制突破传统评价模式，鼓励教师跨专业融合，促进对未知科技的探索，突破传统管理机制，促进跨部门跨院系的协同发展，促进跨专业选课与个性化培养计划的实现[①]。

四、新文科教育：人工智能赋能新文科教育

文科教育是人文科学和社会科学教育的总称，与自然科学的教育存在较大差距。长期以来，相较于工科教育，文科教育都处于较为弱势的地位，"重文轻武"的文科黄金时代，已稍显没落；"学好数理化，走遍天下都不怕"，成为理工科学生最顺口的"口头禅"，从侧面反映了文科的没落与边缘化。

文科教育的边缘化，是目前学校教育中的一种特殊现象，与学生就业、社会人才需求以及本身科目的难易程度相关。传统的工科教育，奉行的是学习"一技

---

① 董兆伟，王素贞，孙洁丽．基于新工科理念面向经管领域大数据人才培养研究[J]．河北经贸大学学报（综合版），2018，18（02）：76-80．

之长"的发展之路，学生毕业后，可以依靠自己的专业技能获得一份稳定的工作，且他们的就业与择业的选择面相对较广。因为在一个传统工业与新型技术产业的交替发展的社会，人才需求也较为偏向于引进工科人才，再加上工科教育更加强调逻辑思维和抽象思维，大部分倾向于感性思维的学生，自然地走向文科的怀抱。经比较研究，世界顶级的学术期刊，绝大多数都是工科教育的期刊（如《PANS》《Cell》《Nature》《Science》等)，关于文科的世界级期刊少之又少，这对于文科学生而言，科研成果的影响力和影响范围势必会受到限制。

虽然如此，文科教育仍然是不能忽视的，因为人文社科的衰落也意味着工科教育的残缺。武汉大学人文社科资深教授马费成解释说:"从总体上看，各门类学科甚至整个科学都是在高度分化的同时，不断走向综合。"文科与工科教育的发展，虽然在前期走向了两条差异巨大的路，但按照马费成教授的说法，分化的程度越深，也就说明其发展的水平越高，两个科目的异向发展，实则是在从更广泛的领域走向教育的大综合。因此，文科的落后，只能算作是教育发展的阶段性"异象"，其后来的演变应该从新文科教育说起。

2017年10月，在美国希拉姆学院，新文科的教育理念首次被提出。学者指出：新文科是指相对于传统文科进行学科重组文理交叉，即把新技术融入哲学、文学、语言等诸如此类的课程中，为学生提供综合性的跨学科学习[①]。随着新文科教育理念的普及，国内的教育研究部门首先注意到这个新的教育现象。国家在全面振兴本科教育的社会大背景下，专门针对文科的未来发展，将新文科教育理念引入国内。

2018年4月29日，教育部联合科技部、工业与信息化部、财政部等13个部门在天津联合召开"六卓越一拔尖"计划2.0启动大会，会议强调要全面实施"六卓越一拔尖"计划2.0，发展新工科、新医科、新农科、新文科，推动全国高校掀起一场"质量革命"，形成覆盖高等教育全领域的"质量中国"品牌，打赢全面振兴本科教育攻坚战[②]。

新文科教育的引进与战略布局，国内文科教育的发展迎来新一轮热潮，"文

---

① 360百科. 新文科[OL]. https://baike.so.com/doc/28831252-30294611.html.
② 教育部."六卓越一拔尖"计划2.0启动大会召开：掀起高教质量革命，助力打造质量中国.[OL]. [2019-04-29]. http://www.moe.gov.cn/jyb_xwfb/gzdt_gzdt/moe_1485/201904/t20190429_380009.html.

科无用论"的论题不推自倒,使得相关研究引起了高度重视。中国人民大学、郑州大学、西安交通大学、华东师范大学等高校开通文科发展新通道。就连素有"中国最高工科学府"的清华大学,也在助推新文科的建设与发展,力争学校新文科教育再上新台阶。国内新文科教育的兴起,是文科教育数十年遭受冷落后的一次回归。新文科教育的"新",体现在"综合性的跨学科学习",意味着传统的分门别类的"孤立式"学科教学模式正在改变。

新文科教育的发展,由于其大综合与交叉性质的存在,也会出现新的困难。专业的新文科教师队伍有待培养,专业的新文科教学资源有待挖掘,专业的新文科教学评价体系有待建立。如此等等,都将在新文科教育的发展过程中成为阻碍性因素,急需借助新工具和新手段应对新文科教育中存在的新问题。考虑到新文科的综合性与交叉性质,可以预见新文科教育的发展过程必定是"复杂性"与"庞杂性"交错出现。

人工智能时代,智能教育系统兼具高速的运算能力和"化繁为简"的运算模型优势,加之文科教育发展历史中累积起来的庞大的多源异构数据,人工智能技术正是在处理"复杂性"与"庞杂性"问题方面有着独特的能力。同时,教育部也在2018年的《高等学校人工智能创新行动计划的通知》指出,要加强人工智能与计算机、控制、量子、神经和认知科学以及数学、心理学、经济学、法学、社会学等相关学科的交叉融合[①]。可见,无论在技术层面,还是在政策层面,人工智能时代的新文科教育,在发展过程中所遇到的瓶颈将在人工智能技术领域找到新的出路。

人工智能与新文科教师队伍培养。新文科教师队伍的培养,关涉新文科建设与发展的成败,至为关键。在新文科建设过程中,陕西师范大学国学研究院院长曹胜高就曾坦言:"文科能否做得好,关键看教师"。所以,将人工智能技术引入新工科教育,应首先着手培养一批优质的新文科教师队伍,以保证新文科教育的可持续发展。智能时代的新文科教育,教育活动过程自然要以智能教育为主,包括智能教学设备的使用、教师的智能教学素养的培养、智能教学观念的转变、文科综合教学素养的形成、教师智能创新素养的锻造等,都需要借助人工智能技术的价值与优势,

---

① 教育部. 高等学校人工智能创新行动计划的通知[OL].[2018-04-11]. http://www.cac.gov.cn/2018-04/11/c_1122663790.htm.

以培养兼具新文科综合教育背景的复合型人才，打造王牌新文科教师队伍。

首先，高等教育机构应该优先带头改革新工科教师队伍培养的教材，弥补教育上游阶段的分科教学导致的教师素质的分裂，狠抓新工科基础理论教育，丰富教育实践课程，锻造新工科新型人才。

其次，高等教育机构应该构建完善的激励政策，积极鼓励学科教师进行再教育、再学习，并为学科教师的再教育给予资金帮助，提高教师的专业水平和素养，以便更好地从事新工科人才的培养教学工作[1]。

再次，高等教育机构应该积极引进人工智能复合型人才。新工科教师队伍匮乏，且培养新工科教师队伍的高等教育机构仍然缺乏教育人才。所以，高等教育学校应该重点引进和培育校本化的新工科教育人才，在此基础上衍生新工科教育的人才队伍。

最后，高等教育机构应该创建专门的新工科教育平台，指定专人负责推进新工科教育工作，完善相关的教育制度和奖励机制，加强新工科教育科研工作，确保新工科教育的理论与实际相联系，促进新工科教育的平台化发展，实现新工科教育人才队伍的批量输出。

重视人工智能与新文科教学资源挖掘。大数据和人工智能时代，教学资源的丰富性与多样性，给新文科教育的发展提供了良好的资源基础。随着新文科教学资源大数据的集聚，包括媒体时政素材、网络空间公开课、网络题库、网络资源数据库、各大高校共享的新文科教学资源等，将提高教师和学生获取教学资源的方便程度，但同时也加大了他们筛选数据的难度。人工智能的一个重要支柱是数据挖掘技术（Data Mining）。数据挖掘技术，是一种从大规模数据库或数据仓库中提取隐藏的预测性信息的科学方法，它让人们有能力最终认识数据的真正价值，即数据中潜在的可用信息和知识[2]。通过运用数据挖掘技术，可以帮助新文科教育者与教育对象高效获取教学资源，避开教育资源筛选难题，提高新文科教育教学的效率和质量。

人工智能与新文科教学评价。新文科教学评价是指依据新文科教学目标，对

---

[1] 苏晓光，于莉莉. 人工智能与新工科人才培养探讨[J]. 中国管理信息化，2018，21（16）：195-196.

[2] 杨晔. 网上教学资源挖掘与文本自动分类系统[J]. 广东工业大学学报，2005（02）：79-82.

新文科教育的过程及其结果进行价值判断和未来决策行为的评价活动。新文科教学评价的对象将包括学生、教师、教学环境、教学方法、教学内容、教学管理等。由于评价的对象具有动态变化特征,新文科教育教学评价体系的建立,需要借助于人工智能技术,从新文科教育的过程与结果中挖掘教育大数据,以数据为基础进行教学评价建模,建立专业的人工智能教学评价平台。在评价体系中,纳入完善的教学评价内容与评价对象,建立规范的教学评价指标体系,充分发挥人工智能技术的深度学习、智能感知与智能干预的价值与优势。在评价的方法上,促成形成性评价、诊断性评价与结果性评价有机结合的评价格局,突出形成性评价与教学过程的动态性特征相结合,实现新文科教学评价的价值性与科学性相统一。

五、科学综合化:智能时代大学人才培养的重要路径

现代科学既高度分化又高度综合。一方面,分化愈来愈细,学科愈来愈多,专业化程度愈来愈高。另一方面,各种交叉学科、横断学科和边缘学科不断涌现,综合化速度愈来愈高。可以说,科学的分化实际上是科学综合的另一表现形式。因此,综合占据科学发展的主导趋势。这种趋势具体表现为:

第一,学科的多层次、多维度交叉与渗透。现代科学改变了过去彼此隔绝、互不联系的状况,各学科在高度分化的基础上,相互渗透、广泛"杂交"、盘根错节、互为基础,在数量上已发展到几千种,学科间的鸿沟逐渐被填补,知识间的横向联系愈来愈紧密。正如诺贝尔基金会主席絮内贝里斯特隆所深刻指出:"从近几年诺贝尔奖获得者的人选可以明显看到,物理学和化学旧的学术界限已在不同方面被突破。它们不仅相互交叉,而且形成了没有鲜明界限的连续区,甚至在生物学和医学等其他科学方面也发生了同样的关系。"

第二,横断学科的出现。由电子计算机、通信技术、生物学、物理学和数学等学科相互交叉渗透而形成的系统科学——包括第二次世界大战后形成的系统论、信息论和控制论以及20世纪60年代以来蓬勃发展起来的耗散结构论、协同学、突变论、超循环论和混沌理论等,以其富有成效的系统方法和关于复杂性的

深入探索，深刻地揭示了自然界各个层次之间的联系和发展规律。这一大批新兴横断学科的出现组成了系统科学这一新的学科门类，构成了现代人工智能的基础理论。

第三，综合性学科的涌现。科学技术的广泛应用，大大加快了人类社会的发展步伐，同时也使当今社会经济系统变得更加复杂，使人类面临着一系列重大问题，如环境问题、生态问题、能源问题等全球问题，以及各国发展战略和社会管理问题。要想合理解决这些问题，就要使以往各自独立开展研究的自然科学、社会科学和人文科学进行很好的合作，打破过去条块分割、互不通气的传统科学体系，代之以综合各学科要求的综合性体系。环境科学、管理科学和思维科学等都是高度综合的学科，体现了自然科学、社会科学和人文科学的汇流。

第四，科学的数学化。过去仅与部分自然科学联系紧密的数学，如今已深入各门科学研究中。如生物学、心理学、经济学、社会学等越来越多的学科，都在广泛应用数学的语言、模型和方法进行定量研究。系统科学的兴起和计算机的广泛应用，进一步推动了科学的数学化进程。到20世纪80年代，建立了一系列的经济模型、社会模型和心理模型，并大量借用数学方法进行社会科学理论的论证和社会运行的预测与决策。数据分析已成为现代经济学和管理学的重要特征。

现代科学的综合化趋势给大学人才培养提供了一个重要启示——在大学人才培养中，要善于抓住这种特点，注意"通才"教育，培养高素质的人才。

第一，指导学生全面掌握知识并形成合理的知识结构。学习知识与技能是大学生在校期间要努力完成的一项主要任务。关于知识，英国哲学家培根早就说过："知识就是力量"，他强调了知识的重要作用，而这种作用在智能经济时代变得更加突出，因为知识是辅助学生形成创新思维的重要基础。实际上，在智能经济时代，知识（knowledge）这一概念的外延也在逐步扩大。总部设在巴黎，以发达国家为主要成员国的"经济合作与发展组织"在其《以知识为基础的经济》的报告中，引用了西方自20世纪60年代以来关于求知的"4w"概念，把人类迄今创造的所有知识分为四大形态：know-what（知道是什么，事实知识）、know-why（知道为什么，原理知识）、know-how（知道怎么做，技能知识）、know-who（知道谁，人力知识）。我国吴季松博士在其《知识经济》的专著中，又增加了know-when（知道什么时间，时间知识）、know-where（知道什么地点、地点知识）、know-quantity（知道是多少，数量知识）等三种形态。知识本身的重要性和知识形态的多样性给新时代的大学教师一个很重要的启示——在大学教学过程中，要指导学生充分利用有限时间，尽可能多地学习知识，尤其是注意以下这些方面：①作为"专业人"必须学习的专业知识及其最新进展和动态。②作为"文化人"而应该具备的知识，如自然科学学生应该学习一些人文社会科学知识，人文社会科学的学生应该学习一些自然科学，尤其是现代科技方面的知识。③作为"社会人"为将来毕业后提高自己的社会竞争力而需要扩展的知识，如学习中文和外语的学生最好多学一些财经、金融、法律和现代管理方面的知识。④为学习知识而必须掌握的"工具性"知识，如作为思维工具的哲学和逻辑学等，作为数量和计算工具的数学、计算机和人工智能等，作为语言工具的母语和外语等。适应科学数学化和国际交流的需要，要特别重视数学和外语的学习。通过以上几方面的努力学习，就会使学生逐渐成为有合理"知识结构"的人，以适应现代科技和智能经济对人才的要求。

第二，要求学生在学习过程中做到"专""博"结合。"通才"与"专才"的关系问题，对今天的大学教师来说，是一个值得认真思考和解决的问题。进入20世纪50年代以来，人类知识的增长是以几何级数式的，即以几倍几十倍的速度增长。到21世纪，人类知识是呈立体交叉般膨胀式地增式——指数级增长，即所谓"知识爆炸"。例如，人类的科学知识在19世纪每五十年增长一倍；20世纪中叶每十几年增长一倍；现在，每五六年增长一倍；有人预计，到21世纪中叶，将一两年增长一倍，甚至更快。这就要求新世纪的大学生既要有广博、坚实的知识基础，又要能以有限的时间和精力从事专业或专门的学习和研究，追踪学科发展的前沿，且正确处理二者的关系。在这里，要注意如下四点：①"博"是"专"的基础。要通过广泛的学习和不断的积累，掌握广博的知识，为学习和研究打下坚实的基础。②辩证地理解"博"。"博"不是无所限制，广泛阅读亦有所选择。漫无边际、毫无目的、缺乏选择和不断转换方向的"博"是有害而无益的。要由近及远，由浅入深，不断充实和更新知识；要坚持不懈地运用多种手段进行知识积累，并在学习中巩固和深化所学的知识。③处理好专业与非专业之间的关系。把"专"与"博"有机结合起来，就要考虑专业与非专业的关系。专业要"专精"，非专业要"广博"，非专业为专业服务。在专业学习中要尽可能掌握新学科、新知识、新见解、新动态。当专业学习遇到困难时，要注意查找是否是因为知识基础和知识面的原因。④在"博"与"专"的统一中建立合理的知识结构。学习如同老渔翁撒网捕鱼，开始时，网要尽可能撒得开，然后慢慢收缩，最后集中在一点上。在处理"博"与"专"关系问题时,要指导学生使其知识不断地"序化""精化"和"演化",形成合理的知识结构。

第三,让学生注意知识的横断转移。化学中,关于溶液浓度的计算有很多难题,但若用数学中列方程的方法就会迎刃而解;生物学中,光合作用和呼吸作用的机制十分复杂,但若用化学反应方程式表示其过程,则一目了然;地理学中,有关地球公转的速度较难理解,但若用物理中的开普勒定律,设计一道计算题,就会茅塞顿开……这样的例子不胜枚举。实际上,科学和知识本来就是一个相互交织的统一有机整体,人们之所以将其分成数、理、化、天、地、生等不同学科,只是为了研究和学习方便。正如著名物理学家普朗克指出:"科学是内在的统一体,它所分解为单独的部门不是由于事物的本质,而是由于人类认识能力的局限性。实际上存在着从物理学到化学,通过生物学和人类学到社会科学的连续的链条,这是一个任何一处都不能打断的链条。"在教学过程中,我们要有意地使学生掌握不同学科知识间的相互联系,注意把一门学科的知识横向转移到另一门学科中去。这样,不仅有利于巩固旧知识、顺利接受新知识,而且能增强记忆力,提高分析问题、解决问题和辩证思维的能力。久而久之,就能形成自己的知识网络,建立合理的思维结构,更有效地认识事物的整体,这对学生毕业后再学习和应用也是非常重要的,也有利于学生形成终身学习的思想理念。

第四,使学生学会方法的移植。所谓"移植",就是把一门学科或几门学科的概念、范畴、研究方法运用到其他学科中。在各种移植中,方法的移植更重要。在教学过程中,我们不仅要使学生注意知识间的横向转移,更要使他们注意方法间的相互移植,要帮助学生学习一点横断学科的知识,如系统论、信息论、控制论等,它们从不同的侧面揭示了客观物质世界的本质联系和运动规律,为现代科学技术的发展提供了崭新的思路,继相对论和量子力学之后,又一次彻底改变了世界的科学图景和科学家的思维方式。它们所提供的方法,如系统方法、信息方法、功能模拟方法等,则具有更大的普适性,使方法间的移植具有更大的现实性。同时,还要让学生注意自然科学方法和社会科学方法间的相互移植,自然科学和社会科学虽然遵循不同的规律,但在研究方法上却有可借鉴性。自然科学方法,如数学与逻辑方法、观察与实验方法、模拟与类比方法等自20世纪初便被大量、广泛地移植到社会科学的研究中,并取得了巨大的成就。从12世纪中叶以来,一些比较通用和成熟的社会科学方法,如价值分析方法、伦理规范方法、目的假设方法、历史主义方法、直观外推方法、模糊思维方法等,也开始被引入运用到自然科学的研究中。把自然科学方法移植到社会科学中去,有助于增加对社会现象和规律认识的精确性和说服力;把社会科学方法移植到自然科学中去,则有助于增强对自然现象和规律研究的应用性,并使研究者把握好自己的价值取向。

第五,指导学生善于开垦"科学的处女地"。各门学科都有自己特定的研究范围和边界,而学科边界之间的"空白处"往往是各门学科不曾问津的。随着科学认识的不断深化,这些"空白处"逐渐成为科学研究的对象,而且常常是最易出成果的地方。美国科学家维纳说:"在科学发展上可以得到最大的收获领域,是各种已经建立起来的部门之间被人忽视的无人区……到科学地图上的这些空白地区去做适当的查勘工作。只能由这样一群科学家来担任,他们每人都是自己领域的专家,但是每人对他的领域都有十分正确与熟练的知识。"维纳把这些"被人忽视的无人区"比喻为未开垦的"科学处女地"。而以后的控制论、信息论、电子计算机等学科正在这些"未开垦的处女地"上绽开一朵朵光彩夺目的鲜花。大量事实证明,在学科交叉、渗透的边缘地带较容易出成果,教师要培养学生的创新意识和探索精神,指导和鼓励学生到学科边界之间的"无人区"进行探索。

第八章

智慧校园：教学与管理的智能化

缘起与思路：智慧校园的历史与未来
应用与服务：智慧校园无处不智能
未来的教室：关于智慧课堂的构想
离散到系统：智慧校园的建构策略

自 20世纪70年代至今，智慧校园建设历经工业时代、信息时代与人工智能时代等。不同的时代，由于新兴技术的塑造力量的差异，塑造了形态各异的智慧校园。校园是社会的缩影，智慧校园是智慧社会的缩影。人工智能时代，智能技术不会全权代替校园管理工作，但相较于不使用人工智能的学校而言，使用人工智能技术于教学管理活动的学校注定能够在未来的教育系统中为培养人才作出更大的贡献。

一、缘起与思路：智慧校园的历史与未来

20世纪70年代，美国麻省理工学院结合当时的时代背景，提出了"电子化校园"计划，成为"智慧校园"的雏形。到20世纪80年代，受国外"智慧校园"建设的影响，我国也启动了校园信息化建设工作。1990年，美国克莱蒙特大学教授Kenneth首次提出"数字校园"的概念，受到极大关注，成为世界上许多国家进行校园升级改造的核心理念。截至目前，校园的技术化转型升级大致经历三个阶段：电子化阶段、数字化阶段和智慧化阶段。

2010年，在我国信息化"十二五"规划中，浙江大学提出要建设一个"令人激动"的"智慧校园"[1]。2017年，《国家教育事业发展"十三五"规划》指出："要支持各级各类学校建设'智慧校园'，综合利用互联网、大数据、人工智能和虚拟现实技术探索未来教育教学新模式。[2]" 2018年，《智慧校园总体框架》国家标准发布，专门对我国的"智慧校园"建设进行了框架建构和政策指引。

"智慧校园"是指综合运用局域网、移动互联网、物联网、大数据、云计算、人工智能等新兴技术，全面智能感知、协调、控制与智能服务于学校的教学活动与管理活动，改善学校的行政办公与教学形态的基础，从整体上提升校园的智能化与智慧化程度，在智能技术的支撑下，使校园的整体运行模式呈现灵活性、精准性与高效性等特征。

智慧校园是传统校园的延伸和发展，它在物理空间上延伸了传统校园的陈设和布局，两者在硬件设施方面有较大的相似性。但从发展层面而言，智慧校园与传统校园最大的不同在于软件设施建设方面。软件设施是校园中"智慧"的真正来源，它在原本的校园物理运行空间中取代部分工作人员的工作，甚至是取代工作人员的智慧，并在运行效率和运行质量上具有显著的超越价值，从而带动各级各类学校进行改革，智慧化与智能化成为校园转型升级的主导方向。

---

[1] 百度百科. 智慧校园[EB/OL]. https://baike.baidu.com/item/%E6%99%BA%E6%85%A7%E6%A0%A1%E5%9B%AD/9845341? fr=aladdin.

[2] 国务院. 关于印发国家教育事业发展"十三五"规划的通知[EB/OL]. http://www.gov.cn/zhengce/content/2017-01/19/content_5161341.htm.

那么，人们为什么要进行全社会的校园智慧化建设与改革呢？究其原因，不仅在于智慧校园本身的价值，而且在于传统校园的局限性，因为传统教育本身存在限制人才发展的因素。

校园，没有固定的模式，在不同的时代背景下表现为不同的形式。校园1.0时代，代表着最为传统的教育形态，人与人之间的教育活动主要通过"口口相传"的形式进行，那时的校园没有固定的时空限制，或者说不称其为"校园"。

随着社会生产力的发展，国家的统治和社会工业化都需要大批的专业技术人才，而在传统的校园1.0时代成长起来的人，不能迅速适应工业时代的发展需求，因此导致了校园2.0时代的迅猛发展。这个时期的校园，规模不断扩大，可谓是"集天下英才而教之"的典型场所，为社会的发展培育了众多的专业技术人才。

在校园2.0时代，教育教学模式讲求的是能够快速为社会的发展培养出足够多的人才。所以，班级授课制得以盛行，但也造成了学生与学生之间的差别很小，相同的教育模式，同样的教育标准，不同的学生成为一个模子出来的"成品"，创新精神和批判精神成为校园2.0时代培育出来的学生所匮乏的东西。

人工智能时代是一个创新发展的时代。"创新是一个民族进步的灵魂，是一个国家兴旺发达的不竭动力。"青年学生作为国家未来的建设者和接班人，校园2.0模式已然不能适应社会对创新人才的需求，缺乏创新精神和批判精神的校园，其本身的存在就是不合理的。

在这样的时代背景下，智能元素不断渗透进校园，并与校园建设工作进行结构嵌套，产生了校园3.0时代。在校园3.0时代，校园中的学生成为整个校园的中心，校园的软件设施和硬件设施都将集中考虑学生的个性化需求。所以，智能化与智慧化的校园转型升级工作势在必行。

建设智慧校园，缘起于社会发展的需要和学生个性化发展的需求。由于传统校园的发展不能继续有效地满足时代的"双重需要"，人们就开始将发展的眼光投向智慧校园，从而掀起了智能时代的智慧校园建设的热潮。

在需求的拉动和政策的推动下，智慧校园建设如火如荼。如今，智慧校园的发展已经进入广泛应用阶段，形成了多元化、精细化与泛在化的发展格局。发展的过程正在经历"由点到线，由线到面"的迅速转化，其应用与服务已基本实现校园全覆盖，包括校园安全、教学管理、图书馆管理与学生成绩管理等场景。

人工智能时代，未来智慧校园建设，需要对其发展进行超前布局，提前做好发展的战略规划，不断促进智慧校园建设的规范化与个性化同步发展，不断促进智慧校园管理科学化与服务精准化并驾齐驱，精准定位智慧校园建设的工具性价值与思想性价值。得益于智能技术的赋能，智慧校园获得"智慧"。作为学生成长的重要场所，智慧校园应该成为启发学生智慧的场所、促进学生人格完善的场所、成就学生的场所，是学生生命中的"成长乐园"。

二、应用与服务：智慧校园无处不智能

智慧校园的全场景应用与全场景服务，是指校园内各项现实的组织机构与服务活动在智慧校园系统平台上的虚拟映射。"集中管理"与"统一领导"成为应用过程的指导思想，它旨在将现实校园中的所有教学与管理活动都搬到平台上进行。最直接的表现就是，校园中所具有的活动实体，智慧校园中就有与之相对应的数据与场所。

智慧校园的全场景应用与服务，包括校园安全管理、图书馆管理、教学管理、教师团队管理、社团管理、校园照明、校园一卡通等。目前，智慧校园的应用已经实现校园全覆盖，基本的校园配套服务都与新兴技术相联系，在"智慧"层面展现巨大张力，其具体的典型应用场景如下。

（一）人工智能与校园安全管理

社会公共安全的重要性不言而喻。2019 年 5 月，习近平总书记在全国公安工作会议上讲话时指出，"要确保公安工作坚定正确政治方向，坚持改革创新，坚持全面从严管党治警，按照对党忠诚、服务人民、执法公正、纪律严明的总要求，锻造一支让党中央放心、人民群众满意的高素质过硬公安队伍……从严治警一刻都不能放松。要坚持政治建警、全面从严治警，着力锻造一支有铁一般的理想信念、铁一般的责任担当、铁一般的过硬本领、铁一般的纪律作风的公安铁军[①]。"从党和国家对安全问题的关注角度来看，他们对社会公共安全问题高度

---

① 央广网. 习近平在全国公安工作会议上的重要讲话引发热烈反响[OL]. [2019-05-10]. http：//china. cnr. cn/news/20190510/t20190510_524607295. shtml? uc_biz_str=S：custom.

重视,并要坚持打造"一支让党中央放心、人民群众满意的高素质过硬公安队伍",这无疑突出社会公共安全问题的紧迫性与突发性特征,党和国家时刻准备着应对安全问题。安全问题具体包括食品安全、卫生安全、生产安全、经济安全、心理安全与社会治安等。

校园安全是社会公共安全的重要组成部分,关系到千家万户的安全与幸福。根据2018年、2019年"中国平安小康指数"调查数据显示,校园安全问题已被列入"最让公众担忧的十大安全问题"排行榜(如表8-1所示),2018年、2019年分别位列第5位和第7位。

表8-1 "最让公众担忧的十大安全问题"排行榜

2018年"最让公众担忧的十大安全问题"	2019年"最让公众担忧的十大安全问题"
1. 食品安全	1. 食品安全
2. 交通安全	2. 网络安全
3. 医疗安全	3. 医疗安全
4. 社会治安	4. 隐私安全
5. 校园安全	5. 交通安全
6. 信息安全	6. 社会治安
7. 网络安全	7. 校园安全
8. 公共卫生安全	8. 生产安全
9. 生产安全	9. 公共卫生安全
10. 隐私安全	10. 环境安全

(资料来源:中国小康网. 2018年、2019年中国平安小康指数:最让公众担忧的十大安全问题[OL]. http://www.sohu.com/a/239248333_426502;http://mini.eastday.com/a/190709153848239.html)

近两年,公众对校园安全的担忧并不是无中生有,而是事出有因。如今,有些地方的校园,一些"调皮捣蛋"的学生或"街头混混",在校园里带头煽动部分学生闹事,并打砸拆卸校园门窗、报亭等设施的现象依然存在。更为恶劣的是,一些邪恶分子还将矛头对准弱小的学生,对这个群体进行暴力袭击,由于性质极其恶劣,从而升级为校园暴力事件。

校园安全问题,不止于校园暴力隐患一个方面,校园欺凌事件也不容忽视。2019年4月9日,一个40秒的"女初中生打架"的视频在网上"疯传"。视频显示,一个人烟稀少的小巷,两名身穿校服的女初中生正在互殴,更准确地说,是其中的一个女生疯狂欺负另外一个女生,还不时用污秽的语言侮辱对方。并且旁边拍摄视频的学生，还不时传来嬉笑的声音。可见，校园欺凌的事态较为严重。

校园安全事件，不仅包括校园暴力、校园欺凌事件，还包括校园交通安全事件、校园食品安全、校园火灾、校园不安全设施等。这些事件的存在都有一个共同点，它们都会对学生造成不同程度的伤害。这种校园安全事件如果得不到及时消除，就会很快影响到整体的校园安全环境。譬如，正在发生的校园欺凌事件，如果学校和家庭不及时出面化解矛盾，很容易演变为校园的群体性事件，学生"拉帮结派"进行互殴，其后果是难以想象的。

校园安全是指全体师生在校期间，不会受到来自环境和他人的威胁和危害，全体师生也不会成为威胁和危害他人的人，从而保持一种相对安全的状态。智慧校园建设，校园的安全建设应该摆在首位。因此，建设智慧校园，应遵循"安全第一"的原则，全面开展校园的安全治理工作，以保证全校师生最基本的生存需要与安全需要能够得到满足，而不让师生时刻处在不安全的恐慌之中。

为了给校园全体师生一个和谐、安全的环境，有必要思考在推动构建智慧校园的过程中，有效利用大数据、人工智能等新一代科学技术辅助校园安全管理工作。人工智能技术是一个技术集成系统，是技术高度综合化的表现，其中包含多种多样的子技术，视频识别技术便是其中之一。智能时代，在智慧校园内安装覆盖全校的摄像头，是校园安全的重要保障。安装全覆盖的摄像头，其目的不在于监控，而在于让可能出现的"黑暗"暴露于阳光之下，呈现给管理者，从而让校园的各个角落成为可视化的视频数据集合，揭露"隐蔽"的校园安全问题。校园摄像头录像，安装于电梯、出入车辆、厕所附近、校园建筑楼顶，以及各种行人经过的地方，目的就在于提高校园的安全性。

引进智能视频识别技术之前，很多学校已经建立起最基本的监控网络，为后继智能技术的引入奠定基础。在传统的校园监控网络中，所收集到的只是庞杂的监控数据，还需要投入大量的员工人为分析数据，而不是系统自动分析数据。也就是说，原有的监控系统并不具备智能识别、预警、视频摘要等功能，这就需要对安保监控网络进行升级，引入智能视频监控云系统，在安保监控视频的基础上增加智能识别功能（如车牌识别、人脸识别、异常行为识别等），并把视频摘要推送到云端以供搜索[①]。这样，发生在校园内的异常行为数据，就能够在第一时

---

① 罗少科，卢扬奎. 视频识别技术在高校校园交通安全管理中的应用研究[J]. 中国教育信息化，2017（05）：48-50.

间实现预警和控制。

人工智能视频识别技术是基于人工智能机器的自动化与智能化的辨别与标识技术，与传统的视频监控技术相比，具有视频内容审核效率高、音频有害信息发现快等优势。因此，校园智能视频监控云系统的存在，无疑将有利于提升智慧校园整体的安防系统能级，进一步切实保障校园安全。

谈及校园安全问题，不得不谈校园流感引发的学生健康问题。校园是大量人群集结的地方，流感一旦爆发，传播速度极快，辐射能力很强，对此应该重点把控。根据谷歌流感预测模型可知，引入人工智能技术，有利于提前预警校园流感发展趋势。2017年，中国平安与重庆疾病中心联合成功研发全球首个人工智能流感预测模型。经实践检验，该模型能够提前一个星期预测到流感的发展趋势，极大提高了流感预测的效率与预警的应对能力。流感和手足口病预测模型的准确率均达到86%以上，高发季预测准确率可达到90%以上；应用慢阻肺智能筛查模型，可大幅减少筛查成本，提高筛查效率。目前，该模型的准确率已经达到92%。可见，若是在智慧校园建设过程中，嵌套人工智能流感预测模型，势必能够进一步提高校园流感预测的能力，实现流感的校园监测和提前备案，并启动应对方案，学校、家庭、疾病防控中心协同联手，共同还给孩子们一个健康的学习环境。

人工智能技术运用于校园安全管理，其高效而精准的工作不仅可以提前识别校园异常行为，而且还能及时发现校园危险情景，并实现智能提醒与提前预警，实现从源头消除校园安全隐患。不管是智能流感预测模型，还是校园智能监控识别系统，都是人工智能技术在校园安全中的应用形态，切实关系校园安全与全校师生的身心健康。

从目前来看，人工智能技术嵌入智慧校园还应注意几个方面的协调工作。一方面，要注重人工智能专业人才队伍的培养，校园安全系统的模型优化需要很高的智能技术水准，并非一般的技术工人能够胜任。另一方面，校园的智能化、智慧化升级是一个系统工程，需要单独升级校园安全预警的智能能级，这会牵涉诸多不确定性的因素，需要做好相关的协调工作。在协调的过程中，已经不仅仅限于校园安全管理部门，而是涉及整个软硬件设施的升级改造。因此，需要建立"上下联动""左右协调"的部门协调机制。

（二）人工智能与图书馆管理

如今的大学校园，图书馆已成为学习场所的代名词：去图书馆"借书看书""找资料写论文""课题讨论"等，构成大学生的一项必备活动。新时代的校园图书馆的技术化管理——智慧图书馆，确实给学生提供了一个极佳的学习环境，既便于查找纸质图书资料，又便于查找电子资料。与传统图书馆相比，优势明显。

传统的图书馆，全部图书资源皆以纸质版为主，书籍文献体积巨大，占用的空间很多，且开放图书馆时图书的摆放位置、书籍的搬运、排序等工作都需要大量的人工。此外，学生出入图书馆需要人工进行身份验证，借阅书籍需要手动输入图书借书登记，服务质量很容易受到人为因素的影响（图书馆的工作人员的情绪，很容易影响到学生对图书馆的印象）。另外，传统图书馆的馆藏资源的检索较为困难，资源获取的速度很慢，很容易影响学生的学习兴趣。

为改变这种状况，在智慧校园建设的过程中，就要重新塑造图书馆形态。如何应用新兴技术改善图书馆的服务质量、提高学生对图书馆的美好体验，成为智慧校园建设的重要问题。

2018年3月中旬，第29届北京教育装备展示会在京举行，会议通过专家论坛、企业案例分享、校园案例分享等方式各展风采，信昇达教育就"智慧图书馆方案"进行汇报，提出《RFID图书馆方案》，方案蕴含丰富的智慧图书馆建设智慧。通过运用RFID技术，实现书架、标签、图书与位置的绑定，全面实现对图书馆目录、检索、统计、书籍的查阅与流通等整体信息的智能化管理与服务。智能书架、智能点检车、馆员工作站、自动借还书机、移动还书柜、智能办证机、RFID安全门禁、OPAC查询机、高频层架标签、智能导航系统、RFID图书标签、监控摄像头、智能书架等技术，覆盖整个图书馆应用场景，给图书馆的运营带来了高效管理、便捷实用、数据可视化、个性化定制图书等价值。

智慧图书馆是传统图书馆的延伸和发展，它从根本上延伸了图书馆的服务时间和空间，从观念上重新定义了图书馆的存在，甚至已经延伸到基于智能技术的共享领域。近年来，"共享文化"在社会上空前盛行，共享单车、共享汽车、共享充电宝、共享平台、共享数据等横空出世。正是如此，"共享"一词成功入选"2017年度中国媒体十大流行语"。共享文化的社会渗透，并未只停留在以上领域，而是继续横向发展，图书馆的发展也受其影响——共享图书馆应运而生。

2018年6月，长沙首家共享图书馆诞生，该图书馆旨在倡导"图书共享、全民阅读、共同参与"的文化氛围，将图书馆打造成集阅读、培训、展览、举办论坛等多功能于一体的综合性图书馆，市民朋友在此可免费阅读、休闲，企事业单位也可在此举办培训、展览等公益性活动。

与此同时，"微信小程序＋IC借阅卡＋指纹识别＋人脸识别开柜借阅＋消毒系统＋捐书系统"等配套服务功能，助力智能共享图书柜的产生。根据洛唐科技研发的智能书柜可知，智能共享图书柜本质上是一种无人共享书柜，是一种通过智能柜来实现自助借还图书的共享书柜。读者不仅可以通过智能书柜自助借还图书，还可以通过微信预约借书，十分方便快捷[①]。

由此可见，人工智能技术在智慧图书馆中的运用如火如荼，应用的形式较为多样，有智慧图书馆、智能共享书柜、智能共享图书馆、智慧档案馆等；在具体的技术结合方面，包括智能书架、智能导航、智能标签等。人工智能技术与图书馆结合，催生图书馆的新形态，使图书馆在批判继承传统图书馆的过程中，逐渐走向信息化与现代化。

在人工智能与图书馆相结合的应用案例中，智慧图书馆的概念逐渐明朗。智慧图书馆是指将互联网、物联网、大数据、人工智能等新一代信息技术运用于图书馆的管理、规划与建设中，使革新后的图书馆成为管理与服务高度智能化的图书资源集结地。从时空观的角度来看，因为得到智能技术的赋能，很多"7＋24图书馆"得以正常运行。可见，智慧图书馆是一个不受时间和空间限制的场所，一旦建成，用户可以随时随地进入图书馆进行资料检索与下载，非常方便。

从目前的发展趋势来看，智慧图书馆的价值主要表现在这几个方面：首先，智慧图书馆可以在最大程度上实现图书资源的循环利用，信息阻塞导致的图书资源浪费问题减少；其次，智慧图书馆可以减少管理与服务的人工成本，节省建设和维护的费用，从整体上提高图书馆的服务质量，提高用户的积极体验度；最后，图书馆的图书资源丰富、资源密度大、物理体积小，占用的图书馆空间资源少，有利于将更多的空间用于布局学习场景。

基于智慧图书馆的优势与价值，众多商家开始进军图书馆技术市场。据中国信息产业网公布的《2018年中国图书馆RFID市场规模》（如图8-1所示）统计

---

① 洛唐科技. 洛唐智能图书柜[OL]. https://www.lotaai.com/books.

数据显示，从2013年到2018年，我国的图书馆RFID技术市场规模持续扩大，已从2013年的4.93亿元增长到2018年的9.37亿元，平均年增长率0.74%，年年保持增长势头。可见，智慧图书馆的技术市场发展趋势明显，呈现出逐年增长的良好态势。

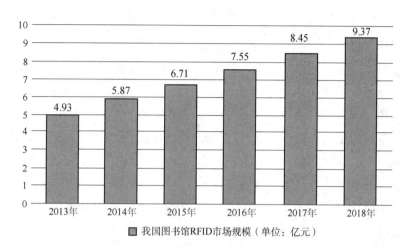

图 8-1　2018年中国图书馆RFID市场规模①

但是，在其技术市场化发展的同时，我们也应该注意，图书馆作为学校教育和社会教育的一部分，其本身的发展不应该成为市场经济的一部分，而是应该保持其发展的相对独立性。因此，图书馆的智能化与智慧化发展应该要注重整体的秩序和规范，不能任其发展，需要社会各领域予以关注。

（三）人工智能与校园智慧照明系统

人工智能技术与校园照明系统的结合，催生校园智慧照明系统的诞生。校园智慧照明系统，是指将大数据、云计算、人工智能等技术运用于校园照明系统的管理、服务与运维过程中，全面提升照明资源利用效率和照明系统管控能力，从而构建面向智慧校园照明系统智能化平台，兼具数据采集、数据存储、数据分析、数据优化、精准决策和资源预测等功能。

校园智慧照明系统，是在传统校园照明系统的基础上发展起来的新一代照明

---

① 图片来源：中国产业信息.2018年中国图书馆RFID市场规模约为9.37亿元，《中华人民共和国公共图书馆法》有望成为产业增长重要动力[OL]. http://www.chyxx.com/industry/201908/772630.html.

系统。智能技术尚未与校园照明系统相结合时，存在较为明显的资源浪费问题。传统的校园照明系统，要么是指定全校关灯时间，要么是指定晚上不关灯，这样做的结果就是：资源利用效率不高，造成照明资源的严重浪费，或者师生的照明需求得不到有效满足。"人走灯不灭"与"人来灯不亮"是传统校园照明系统的通病，为了解决校园照明系统中存在的这"两大问题"，人工智能技术支撑下的无人化与智能化照明理念，无疑成为智慧校园建设关注的重点。

智慧校园照明系统在嵌套人工智能技术之后，校园照明网络开始变得智能。届时，校园照明系统可以通过智能终端进行全方位的控制，实现"一键多控"，节约人工执行开关灯任务的成本。而且，以算法模型为基础的智慧校园照明系统，每一盏灯的亮度都能够实现随着外围环境的改变而改变，能根据环境的光线亮度调整灯光的整体亮度，并将有人区域的灯光调至最合适的亮度。通过运用智能感知技术与边缘计算技术，当白天到来时，照明系统的部分灯光将会关闭；对于较为密集的楼层的夹层之间，由于外围光线太弱，照明系统依旧处于工作状态，只要有师生经过，它就能在智能感知技术的帮助下，实现"人来灯亮"与"人走灯灭"的目标。所以，智慧校园照明系统在节能、环保与舒适三个维度上具有较为突出的价值。

智慧校园照明系统，还能实现远程抄表、智能检测问题症结、电网危险定位、违规用电预警、电流控制等功能。以往需要人工手动抄表的工作，如今全部交予智慧照明系统的后台处理器完成。如学生宿舍的照明用电消费数据，系统在特定的算法模型的帮助下，能够根据每个宿舍的照明用电实际消费数据进行费用计算，并将结果通过智慧校园照明系统平台和手机短信告知学生，学生可以在智慧照明平台上进行远程缴费，既给学生的生活提供便捷，也给校园照明消费系统的工作人员节约了大量的时间和精力，总体上节约了照明系统的运营成本。

在校园智慧照明系统的帮助下，智慧校园变得更加舒适宜人。概括而言，校园智慧照明系统的价值体现在两个方面：一方面，它为全校师生营造了一个智能的光感环境，在系列节能与环保技术的支撑下，整个照明系统能够充分利用外围自然光照实现节能的目的，改善了师生整体生活环境，有利于提高师生的工作学习效率；另一方面，提高校园照明系统的整体管理水平，实现从"人工"向"智能"的转变，很多管理思想与理念得以运行其中，同时大大减少学校照明系统的运行与维护费用，节省校园整体开支。

（四）人工智能与智慧教学管理系统

智慧教学管理系统是指学校充分运用新的管理手段和方法，提升教师与学生的"在场"状态的过程。在多源异构的教学大数据、教学管理的算法模型、5G快速传输技术、云存储与超速运算等条件的支持下，人们开始探讨传统的教学管理模式的优势与弊端。

在传统的校园教学管理中，由于校园监管机制不健全、监管工作人员数量有限、监管技术受到软硬件水平的限制等原因，教学管理存在较多局限。高质量的管理活动，源于高质量的决策支持，高质量的决策又源于对决策数据的全面掌握。只有充分利用客观且全面的教学大数据，管理者才能做出正确的决策。教学管理一般包括计划、组织、协调、控制等方法，但囿于传统管理者数据收集的片面化与单维化，再科学的管理策略也无济于事。

传统的教学管理者，是基于局部数据而作出的管理决策，对于教学活动中的教师和学生而言，教师处于被管理的地位，学生处于被支配的地位，教学管理活动并不能充分反映师生民意。因此，教学管理活动成为管理者的特权，教师和学生的参与权与知情权分离，教学管理的"双向反馈"机制不成熟，学生的主体地位受到限制，教师丧失教学活动策划的主动权，成为听从者和执行者。由此可见，学校的传统教学管理实则是管理者的事情，而不是全校师生与行政人员共同的事情，从而限制了学校教学管理的科学化进程，也束缚了批判性思维环境与创新性思维环境的形成。

为解决传统教学管理中存在的弊端，引入新兴技术辅助扩建教学管理的"双向反馈"渠道与平台，成为教学管理智慧化与智能化的重要一环。智慧教学管理分为三个维度进行构建：一是面向学生的学习管理系统，二是面向教师的教师管理系统，三是面向管理者的教务系统。前两个系统呈互动关系，且教师管理系统能够高效调集学习系统的学习数据，并能够通过特定算法控制学习系统的操作界面，学习管理系统则能够及时向教师管理系统反馈学习数据，教师系统又直接与教务系统相连接。

学习管理系统，具体的功能模块包括学生信息管理、学生在线学习管理、学生学习成绩管理、学生学情统计分析、学生学习课程进度管理、学习过程记录与追踪、线上互动交流学习平台、学生学习反馈管理等。在该系统中，除了教师能够迅速调集其数据外,学生也可以较为自由地穿梭于其中。譬如,进行成绩查询、查看自己的学习进度、在系统中自由的选择学习的视频资源、下载想要深入研究的课程文件等。可见,该系统为学生的学习提供了非常便捷的渠道,同时也为教师深入了解学生提供了技术支持。

教师管理系统,具体的功能模块包括教师信息管理、教师绩效管理、教师教学进度管理、教师作业批改系统、教师出题平台、教师信息反馈平台、学生学情对接端口等。在该系统中,教师通过教职工身份认证编码完成登录认证,就可以运行系统中的全部功能。譬如,教师可以通过使用教师系统,实现一键获取近期某班某科教学进度的具体情况,也可以了解该课程中学生的具体学习表现,以及进行学生学习的前后的成绩测试,据此及时改进教学进度与教学方法,促进教育教学工作与学生学习过程、学生的个体学习情况相适应。

教务管理系统,学校管理者可以通过该系统了解学生的学习情况和教师的教学情况,还可以了解教师的教学进度和教学效果、学生的学习情况和学习效果、教师整体的专业素质与专业形象、学生对教师的评价与反馈、教师与学生对学校管理工作的满意度等。从系统论的角度来说,学生的学习系统是整个智慧教学管理系统的核心和关键,而教师教学系统和学校教务管理系统是直接为学生的学习而服务的。整个智慧教学管理系统的构建理念是"以学生为中心、专业为学生服务、成就学生的未来",突出教育"立德树人"的价值。

从管理科学视角看,学生、教师与学校在一个"虚拟场域"中实现连接,填补了三者之间因为距离和时间而导致的"理解空白",从而在智慧校园中建构出一个虚拟与现实"相映成智"的智慧型生态管理系统,无疑在管理效率和管理质量上达到"双重跃升"的目标。

整个智慧教学管理系统形成"以学生为中心"的智能管理框架,其最大的价值自然体现于学生的学习效果之中。

首先,它可以为学生提供多媒体课件、学习资源等学习材料,学生可以根据自身情况按需选择学习内容,合理安排学习计划。有利于学生培养自主学习和终身学习的良好习惯。同时,智慧化教学管理系统还可以为学生提供存储学习成果、记录学习感受的空间,形成学生成长档案,教师可以更好地对学生的学习活动进行过程性评价①。

其次，它能够节约学生查找学习资源的时间、自己制订学习计划的时间、自己总结知识点盲区的时间，在减轻学生学习任务的同时，也给学生自由发展提供了空闲时间。

最后，在学习的过程中，能够得到来自教师的个性化情感关注和智能学习系统的智能学习推荐，体现学生的个人价值与教师对学生的人文关怀。教师对学生的爱不再停留于"空话"。从认知行为主义的角度来讲，教师能让学生知道每一次奖励或者惩罚的具体原因，使学生的行为塑造更加有章可循。

智慧教学管理系统的价值不止于此，它还能减轻教师的工作负担，也可以为学校管理者提供移动式办公平台等。所有这些，无不都在突出校园3.0时代的"智慧"。智能时代，虽然人工智能不会全权代替人类管理校园的教学工作，但如果不将人工智能技术用于教学管理活动的学校，注定要在具有竞争关系的教育系统中处于劣势地位。因此，智慧校园教学管理系统的升级换代，应该积极引入新一代信息技术和新一代人工智能技术，并将其作为基础，以便从整体上提高教学管理质量，从而提升学校的整体教育质量。

（五）"校园一卡通"迈向"校园一脸通"

1999年，福州银达公司率先推出银校一卡通系统，这是最早的校园一卡通系统。在完善其支付功能后，不久便开始推向全国各地的校园，给学校管理与服务工作带来了很多便捷之处。基于此，很多公司也开始涉足该领域，不断地完善和充实校园一卡通的技术架构与平台服务领域。如今，国内校园一卡通已基本实现了全覆盖。

校园一卡通是以互联网、物联网、计算机等技术为支撑的综合应用工具，具有身份认证、校园消费、教学打卡、学校就医、活动签到等功能，是校园3.0时代的学生人手必备的活动凭证。它将传统校园学生"一人多证"的分类应用进行综合，实现"一证通用"的校园应用目标。就其概念本身而言，校园一卡通具有多证合一、数字身份、人机交互凭证等特征。

校园一卡通可分为面向学生的学生卡、面向教职工的教工卡，以及面向短时

---

① 黄先政. 成都大学师范学院智能化教学管理系统[D]. 成都：电子科技大学，2011.

间在校活动人员的临时卡。这三种卡，均采用实名身份认证的方式办理，以此作为个人校园活动的独立凭证，但如果校园卡过期或者办理假校园卡，在学校的活动行为都将受到限制。换言之，这本身就是校园一卡通存在之目的，方便管理与服务"开放且复杂"的校园系统。

不同的校园时代，从"纸质挂牌"的校园卡（"一生多卡"）到"数字化机读"的校园卡，学生的校园身份认证方式的演变无不体现校园发展的历程，也与整个社会大环境紧密相关。那么，人工智能时代，在智慧校园的建设过程中，校园一卡通又将以怎样的面孔问世呢？

2018年6月27日，北京师范大学官微发布消息称，学校将会在全部宿舍楼使用人脸识别门禁系统，意味着北京师范大学将会步入全面"刷脸"时代。这也意味着，作为国内顶尖师范院校，带头开展实施人工智能技术进校园的管理与应用，将开启"校园一卡通"应用的新时代，"校园一卡通"开始迈向"校园一脸通"。

自"校园一卡通"向"校园一脸通"转型以来，其应用开始不断铺开。2018年7月27日，北京大学开始在西南门运行"校园一脸通"，在其门禁系统中，突破传统的人脸1:1识别技术的弊端，采用1:n实时人脸识别技术，有10万张照片底库的支持，每次学生进校，只需要一秒钟的时间，便能实现人脸特征精准匹配，从而通过校园门禁系统。

2018年12月3日，广东省佛山市石门中学已全面启用人脸识别智能系统，学校正门、宿舍区大门都以"刷脸"的方式进出。该"刷脸"系统还将记录学生请假、迟到等考勤情况，佛山学校已迎来"刷脸"时代。可见，"刷脸"将成为未来智慧校园的新常态，学生不再为"卡片丢失、忘带、磨损、补卡、换卡、盗刷"等问题而烦恼。

如今，随着智能人脸识别技术的不断完善，"校园一脸通"的应用开始普及，引起相关研究者的兴趣。"校园一脸通"是"校园一卡通"的升级版，它是基于物联网、大数据、云计算与人工智能等新一代信息技术的智能应用系统，其具体的应用系统包括：人脸识别门禁系统、人脸识别宿舍管理系统、人脸识别校园支付系统、人脸识别校园安全系统、人脸识别校园登记系统、人脸识别教师考勤系统、人脸识别图书馆系统、人脸识别班级管理系统等。"校园一脸通"的应用，对于智慧校园的智慧化进程具有重要的推动作用，从应用层面切实让师生体会到智慧校园的真实存在。

　　人工智能识别技术的反应速度极快,使得智慧校园建设中的"校园一脸通"的建设与布局质量更好,办公效率更高。譬如,如果校园中出现陌生人,在传统的"校园一卡通"系统中,门禁系统是由人工值守,难免出现疲乏与困顿导致工作失误。但是,引入"校园一脸通"系统之后,校园的门禁系统为24小时在线,只要有陌生人拜访,可立即实现登记信息,整体上提升了智慧校园的安全级别。另外,人工智能识别技术可以随时抽查学生考勤情况、学习情况。譬如,教务人员要想了解一个学生的学习情况,他可以直接通过"校园一脸通"智能识别系统,了解学生去食堂吃饭的时间是否规律,了解学生去图书馆的次数,了解学生是否在指定的时间回到宿舍打卡等。这些都能从侧面反映出学生的学习情况,以及近期的行为习惯与活动范围。在这些数据的基础上,再结合学生的学习成绩,便能细致地分析出学生成绩出现异常波动的原因,以便采取相应的干预措施。

　　从价值维度看,智能"校园一脸通"不仅利于增强校园的安保工作和智能识别学生的学习情况,还能便于学生入校登记。但是,凡事都有两面性。"校园一脸通"的正常运行,需要前期进行人脸数据采集与存储,然后基于数据库的数据比对。也就说,"校园一脸通"要想在一所学校正常运行,就不得不将全校师生的面部信息进行精准采集与存储,从而形成关于"校园一脸通"的大数据。因此,全校师生的隐私保护问题,成为校方最头疼的问题。因为这些数据关系到师生的人身安全与财产安全,如果被不法分子袭击了校园的数据库,或者是校园数据库本身的保密工作没做好,对师生而言,负面影响是巨大的。另外,"校园一脸通"人脸数据采集的信息具有局限性,在应对后期师生服饰、发型、面部表情等因素的变化时,会出现识别误差,有时候会成为师生工作和学习的阻碍。

　　因此,为应对"校园一脸通"系统带来的隐私保护问题与识别误差的问题,学校应该加强与服务外包方的合作交流,完善问题的问责机制,明确可能发生的危险漏洞,提前做好相关技术补救方案;应该对校园人脸数据库进行严格加密保存,引进"黑客"技术,阻断黑客可能入侵的渠道,并在各大入侵渠道上嵌入智能预警机制,在受到入侵时弹出预警提示,以便于校方及时关闭数据流动渠道,确保学校大数据的安全;最后,学校要培育和引进智能复合型人才,为智慧"校园一脸通"系统提供必要的人才基础。

三、未来的教室：关于智慧课堂的构想

(一) 教室与课堂的关系

对于传统的教育，课堂成为大家最初的印象。《童年》这首歌是这样唱的："黑板上老师的粉笔，还在拼命唧唧喳喳写个不停……总是要等到睡觉前，才知道功课只做了一点点，总是要等到考试以后，才知道该念的书都没有念……"。从歌词中，我们很快就能勾勒出一幅关于课堂的图景：老师讲解重要的知识点；一群孩子聚集成一个班级，正在奋笔疾书。在这幅图景中，教师、课堂、教室、教材与学生相辅相成，教室与课堂融为一体。因此，每当人们提及教室与课堂的关系时，都很困惑，很难将两者进行有效的区分。那么，教室与课堂究竟是何种关系呢？

传统的教育，"教师""教材""课堂"构成教学的"三中心"，教师拿着一本教材在教室给学生授课，是传统课堂给予人们最直观的印象，这也是以前学生求学生涯的共同经历。这个时期，教室与课堂是共同存在的，大家对于两者的认识也只是共存于一个记忆之中，更有甚者，直接将两者等同起来，认为教室与课堂是同义词，都是指教师从事教育活动、学生从事学习活动的地方。但是，随着教育的发展，人们逐渐发现，课堂的存在并不仅限于教室，而是存在于具有教学活动的地方。所以，教室与课堂等同的观点遭到了质疑。

对事物本质的认识，会在历史的演进中越来越真实，教室与课堂的辩证关系也是如此。人工智能时代，新兴技术的出现冲击了传统教室与课堂形态，人们逐渐认识到，其实教室与课堂都是教学活动的活动场所。由于在新兴技术出现之前，课堂基本都是发生在教室内，所以人们很难辨别两者之间的关系。

智能时代，课堂与教室的概念也发生了变化。课堂与教室都是教学活动的场所，但前者的范围更广，不仅指教室的教学活动，还包括各种各样的师生互动、生生互动的活动等；课堂是物理属性与虚拟属性的结合物。教室是指专门用于开展教学活动的房间，是一个物理空间；教室只有在进行教学活动时，才与课堂之

间才得以紧密结合。

因此，从严格意义上讲，课堂是无处不在的，它是一个抽象的概念，只要想学习，任何时间、任何地点、任何场景都可以是课堂，而教室是人们真正能够看得见的物理场所。从起源上讲，课堂要早于教室的存在，等到专门的私塾教育和学校教育出现以后，教室才得以产生。从联系上看，教室与课堂结合最为紧密的时刻表现在班级授课形式的教学活动中。

随着人工智能技术的发展，关于教室与课堂的论争再次出现。教室与课堂应该怎样结合的问题，成为新时代人们关注的问题。智能时代，人机交互技术日渐成熟，由智能技术催生的人工智能教育革命要求智慧校园的建设落实到学校的各个角落，教师的教学思维、学校的基础教育软硬件设施、学生的学习思维等都需要进行一次革新。教室作为智慧校园中教学活动的主要场所，对其进行智能化改造，将是智慧校园建设的重要任务。

（二）智慧课堂的建设与应用

建设智慧校园，对教室等教学活动场所进行技术化改造，以及软硬件服务平台的升级换代，使智慧课堂得以出现。智慧课堂是指基于物联网、大数据、云计算和人工智能技术等新兴技术，促进教学活动场所与育人渠道的智慧化与智能化过程。从具体的课堂形态上看，还需要在相应的应用中寻找答案。譬如，山东省平度市在推出同步课堂（智慧课堂）项目时指出，在校园软硬件设施的支撑下，将进一步开展智慧课堂建设工作，专门针对课堂的软硬件设施、课程录制、远程互动等方面进行介绍与实操，点明了智慧课堂建设的三个维度，要求既要注重现实数据的记录，也要关注师生之间的互动渠道的畅通。就智慧校园建设而言，智慧课堂三个维度的主要实现场所还是要以智慧教室为核心场所。智慧教室如图8-2所示。

智慧课堂的基础，是智能技术入驻教学活动场所，形成智慧课堂的教育空间（智慧教室）。针对这个方面，锐捷普教智慧课堂建设方案给出答案：硬件设备方面，在升级教室的过程中，要备足用于线下课堂的电脑、反馈器、接收器、投影仪、摄影机、数据存储平台、交互智能平板等资源，确保学生可以参与课堂的同时，还要确保学生的学习过程与学习痕迹能够被保存和分析；软件设施方面，智能手机App、智能授课端软件、课堂学情系统等，成为整个智慧课堂的智慧之

图 8-2 智慧课堂的现实空间①

源。智慧课堂的建设，智能软件与智能硬件都不可缺少，两者共同组成智慧课堂的基本成分。

智慧课堂的教学全流程智能化。智慧课堂的全流程智能化，是指在课堂软硬件升级的基础上，进一步实现课堂各个教学环节的智能化与智慧化。智慧课堂包括课堂前的准备、课堂中的互动、课堂后的总结与考评等活动。从流程上来说，主要涵盖"教、学、考、评、管"五方面。因此，智慧课堂的建成，将会融合学生的各种课堂学习场景，实现基于动态场景的智慧化课堂教学模式，有机地推进线下课堂与线上课堂的融合与发展。

为实现智慧课堂的教学全流程智能化，需要构建一个智慧课堂的平台，这是在软硬件设备升级后需要及时推进的工作。对于平台的建设，百度智慧课堂教育大平台（如图 8-3 所示）的构建经验，值得推广学习。

百度智慧课堂教育大平台，从技术优势、产品矩阵、场景覆盖、外部产品四个方面进行平台布局。百度本身作为资深的互联网大数据公司，兼具丰富的平台数据资源与人才优势，在大数据、人工智能与云计算等技术领域具有领头优势。因此，在推动智慧课堂教育大平台建设的过程中，直接依托自身的技术优势，用技术赋能智慧课堂，迅速实现课堂的技术智能化。在产品服务方面，从其平台中可见，平台已经覆盖同步课堂、热点专题、精品题库空间、教学空间、生涯规划

---

① 图片来源：搜狐．智慧校园，"智慧"在哪些方面？［OL］．http：//www.sohu.com/a/270084973_100145035.

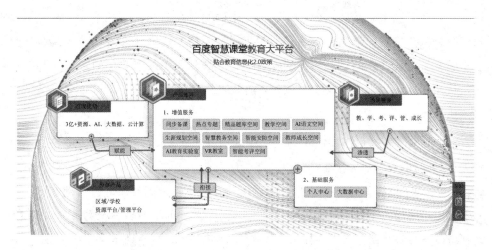

图 8-3　百度智慧课堂教育大平台[①]

空间、智能教育实验室、虚拟教室、智能考评空间等不同的服务领域,不仅涉及课堂内的教学服务,还能提供课堂外的管理与应用服务,对于改善课堂内外的智慧环境具有重要作用。从整体上看,百度智慧课堂教育大平台已经覆盖课堂的整个场景,"教、学、考、评、管"一应俱全,面向学生的个性化课堂、面向教师的精准化课堂、面向学校的科学化课堂管理与考评都有所涵盖。

智慧课堂的基础服务能力的升级与迭代,以及智慧课堂平台的搭建,最终需要落到应用层面。关于智慧课堂的实际运行,在具体的实践案例中能够突出其特色。例如,重庆交通大学"智慧课堂教学模式改革"实践,就反映了智慧课堂的运行规则。在智慧课堂的教学工具系统集成后,其就以此为依托,广泛开展关于智慧课堂教学工具的"使用方法和使用流程"的教育活动,积极引导教师、学生和学校行政人员投入模拟使用的环节,随着参与智慧课堂中的人数越来越多,一场关于学生的"学"与教师的"教"的新的连接方式正在形成,通过运用智慧课堂教学平台,教师、学生与学校这三者统一于同一个虚拟教育系统中。在这个平台上,教学资料的上传、数据资料的统计分析与可视化导出、课堂教学效果的评价与反馈、学生个性化课堂学习方案的制定,都将经过人机互动的方式完成。

地处安徽省阜南县的亲情学校与科大讯飞联合,智慧课堂已落地实施。通过其 2018 年 11 月开展的智慧课堂研讨会成果显示,目前,在阜南县的亲情学校,

---

[①] 图片来源:百度.百度智慧课堂[OL]. https://study.baidu.com.

教师已经在智慧课堂教育平台实现了与学生的实时互动交流。课堂上，教师可以利用智慧课堂平台向学生推送习题，学生通过专属的身份认证入口进入，在平台上答题。学生在答题的过程中，教师能够马上看到关于某个题目的正确率和错误率，从而掌握学生当堂课的学习效果，并以此为依据，进一步改进智慧课堂的教学方法。

此外，101教育集团与山东诸城一中慈海学校的智慧课堂的开课场景，也受到人们的关注。诸城一中在打造智慧课堂的过程中，已经实现智慧课堂的"双师模式"，学生不仅拥有线下课堂的教师与他们共同成长，而且还可以借助智慧课堂的资源库，深挖同类教学课程，从而进行全面而多维的学习。当智慧课堂开课时，教师可以通过智慧课堂教育系统操作学生的学习平台，甚至锁定学生的考试界面，从而规避学生对资源数据库的依赖，培养学生自主思维能力和独立批判能力。

总之，智慧课堂的建设与运营，是在技术条件、需求环境与顶层设计共同作用下的结果，在其投入正常运行的过程中，其价值是显而易见的。经过以上案例分析，可以得出在智慧课堂中存在的优势。无论是重庆交通大学，还是百度智慧课堂方案，都反映出智慧课堂便于管理的优势。只要智慧课堂开始运行，其数据就会留下痕迹，便可借此进行管理与服务工作，特别是对于上课不思考、不积极参与课堂讨论的学生或者迟到的学生，管理者一目了然。学校对智慧课堂的管理，已经实现由传统课堂的"管人"，转向智慧课堂的"管数据"，在管理的任务难易程度和时间长短上，都存在明显的改善。

智慧课堂管理的科学化转向，为智慧课堂的个性化教学模式带来契机。传统的班级授课是"千人一面"的模板课堂，学生的"在场"程度很难衡量，也很难知道学生是否真正在学习。因此，学生缺乏有效的课堂参与感，每堂课下来，也只有少数学生所能感受到的被关注的感觉。然而，智慧课堂规范化与规模化的发展意味着将会给全体学生充分的独立思考的机会，直接从源头上激发学生参与课堂的积极性和主动性。这样的课堂上，每个学生都是课堂的参与者，每个学生的个性化需求都能得到精准化的数据统计和及时反馈，个性化学习与个性化教学得以实现。

智慧课堂的个性化教育价值，还潜在地告诉大家应该熟知丰富多样的课堂资源与数据传输渠道，使学生的个性化学习需求得以满足。诸城一中的"双师模式"与阜南县亲情学校的个性化习题推送，都是课堂教学资源丰富以及资源传输渠道多元且定向所带来的优势价值的体现。

此外，智慧课堂的互动模式效果显著。智慧课堂平台上，学生端的学习工具与教师端的教学工具保持紧密的联系。从严格意义上来说，平台上的这种联系是一种互动学习的虚拟空间，学生在老师的统一指导下，可以进行自主预习、作业、自测、拓展、讨论、答疑、协作探究等活动。教师也可以通过智慧课堂，迅速掌握学生的学习情况，做到具有针对性地教学互动，提醒学生应该如何规划下一步的学习。

归纳起来，智慧课堂的价值主要包括管理价值、个性化价值、互动价值、资源价值等方面。智慧课堂的价值显著，"增能减负"的效果较为突出，已经发展成一套较为固定的模式，因此颇受学校欢迎。目前全国已经有数千所学校开展智慧课堂建设工作。

智慧课堂的建设与运行，能够将智能教室与智慧课堂有机统一起来。智能教室的转型升级，为智慧线下课堂的开展与实施提供现实物理空间，弥补线上智慧课堂的缺陷与不足，切实提高学生的课堂体验感和参与感，以及同学之间的合作感和师生共同的情感体验。与此同时，智慧课堂的建成有利于形成"五位一体"的课堂模式（如表8-2所示），教师、学生、学校、家长与社群五个元素将形成教育合力，分别从不同的方面共同致力于学生学习的改变。

表8-2 "五位一体"的智慧课堂

教师	实施精准化教学，课堂内与课堂外精把握学生动向，课堂前、课堂中与课堂结束后高效提醒学生及时复习巩固，对于学生的薄弱环节能够精准把握，实施个性化教学；班主任课堂，班主任可以随时随地调取学生的学情数据，准确且及时地掌握学生动向，能够做到全面且细致地了解学生，鼓励学生有理由，惩罚学生有数据
学生	学生是"学习的中心"，学生学习具有积极性和主动性，具有强烈的学习动机，个性化学习、探究式学习、合作学习、移动式学习并举，学生对学习感兴趣，学习负担减轻，学习的效果显著
学校	实现课程管理智能化，减轻管理工作。学校拥有教师教学活动过程、学生学习活动过程的全面数据，可对其进行精准化和精细化的呈现，课堂管理规范化、科学化和精准化
家长	家长通过智慧课堂，能够及时反馈家庭情况；能够及时了解孩子的学习成绩、学习进度，以及学习优势与短板，有效促进家长与教师的沟通交流，促进家长与孩子之间的交流
社群	利于通过智慧课堂的教育系统，连接广泛的社会教育资源，帮助学习有困难的学生，帮助家庭经济困难的学生，或者开展班集体活动

传统的课堂，教师关注的点更多的集中在"怎么教"的问题上。但是，在智慧课堂中，教师的角色需要进行重大改变，教师更多的是教给学生学习的方法，让学生学会学习，帮助学生提高学习的能力。现在的智慧课堂，教师在黑板上写字的场景减少了，学生在舞台上表演的机会增加了，学生成为课堂的主角，教师成为课堂的引导者和设计者。从传统课堂到智慧课堂的转变，反映的是学生学习主体地位的时代性回归，突出了智能新时代学生学习的特点与趋势，也给传统课堂模式下成长起来的教师上了生动一课——"我们应该改变了"。

智慧课堂，是智慧校园的核心，是连接教师和学生的智能媒介，是教师与学生的活动场所、学习场所和生活场所，更是他们共同的精神家园。从固定的课堂到流动的课堂，代表着智能时代学生成长环境的改变，需要教育实施者切实根据学生的个性化学习需求，实时进行有选择性的教育教学活动，让学生的学习也成为有选择性的学习活动，让学生充分拥有学习的主动权和选择权，让学生成为真正的学习的控制者和执行者。建设智慧课堂，正是充分培养学生自主控制与自主选择能力的关键课堂，需要全社会的共同参与。

四、离散到系统：智慧校园的建构策略

无论是智慧校园中的智慧课堂、安全管理系统、智慧教学管理系统、智慧一卡通系统，还是智慧图书馆系统、校园照明系统，都是借助于新一代信息技术和新一代人工智能技术实现的智慧化与智能化的服务转型与管理升级的应用过程。

人工智能时代，智慧校园各个子系统的改造与升级，无不都在为促进教育公平、提高教育质量、培养创新型人才而服务。其整个更新换代的过程，基本都遵循技术、理念与应用三个维度进行，都围绕"以学生为中心"进行管理，实现教学效率与质量的双重提升。因此，智慧校园的最终建成意味着校园管理理念将实现从"管理"到"服务"，再到"成就"的转型，学校的教学将实现从"教师中心"走向"学生中心"，学校教育成为个性化教育的中心。

随着物联网、大数据、云计算、边缘计算、5G技术、人工智能技术的不断发展，万物智能化的倾向越发显著，智能化产业也不断增多，社会的智能化水平

进一步提高，社会的整体发展将进入深度智能化阶段。因此，人工智能教育的发展，也必将跟随社会发展潮流，走向深度智能化阶段。与此同时，智慧校园作为教育的"三大场所"之一，深度智能化发展趋势必然要与教育发展总方向"同向同行"。所以，继续推进智慧校园建设工作不容迟缓。

就目前发展现状来看，智慧校园的建设已经取得一定成效。校园的各个管理与服务领域已基本实现智能，且开始朝着融合的方向发展。但是，总体上还需要在系统智慧化方面下功夫，完善具有"排斥性"的独立应用系统，从技术与需求两个方面着手，优化人机交互的舒适度与便捷度，提升智慧校园活动对象的智能感知体验度。

从长远来看，智慧校园建设应从四个方面继续开展工作：首先，从顶层规划视域，制定科学的智慧校园建设蓝图，在指导思想层面和政策帮扶层面引领智慧校园建设的规范化、系统化与深度智能化发展，同时又要给予智慧校园建设方充分自主权，让其在建校过程中突出地方特色与区域特色，彰显创新魅力与人文色彩。

其次，应该建立健全智慧校园建设监管机制，预防智慧校园的"越轨"发展。监管机制应该覆盖智慧校园的运营、管理与资金等方面，确保新时代教育思想、社会价值观、人本价值观与智慧校园生命的深度融合。在高效透明的校园监管机制的支撑下，让智慧校园真正成为"立德树人"的场所，而不是成为"不公平、贪污腐败、非正义"的发源地。

再次，加强理论研究。理论是关于事物的知识和陈述，科学的理论能够在实践中转化为物质力量，也可以在实践中指导实践的发展方向。智慧校园建设还处在发展阶段，相关的理论研究尚未成熟。因此，有必要专门对此问题进行集中探讨，形成关于智慧校园建设的理论与哲学观，进而科学地指导智慧校园建设工作。智慧校园的理论研究包含了两个层面：一是有没有能指导智慧校园设计和建设的理论，二是智慧校园建设能否催生新的理论。智慧校园还是较新的事物，为可能的理论构建提供了机遇，在比较分析诸多理论的基础上，构建智慧校园自身的设计和建设理论[①]。

最后，加强建设资源保障。国家财政要加大对智慧校园建设的投入力度，校

---

① 于长虹，王运武，马武. 智慧校园建设的现状、问题与对策[J]. 教学与管理，2015（06）：48-51.

方要积极统筹学校与社区资源，保障智慧校园建设的运维资金充裕。积极开展人才引进工作，培育全能型校园智能人才，为智慧校园的发展提供必要的人才基础。

智能新时代的智慧校园建设，其本质在于借助新一代信息技术和新一代人工智能技术，为培养新时代创新人才与时代领军人物提供必要的支撑与技术保障。所以，国家层面应该做好智慧校园建设的顶层规划与政策指引，社会层面应该给予资金支持与必要的物质保障，学校层面应该紧跟时代潮流，加强智慧校园建设的理论研究工作，积极融合"校内"与"校外"两种资源，全力提升校园的智慧化水平。

第九章

三创教育：创新性思维能力的培养

局限分析：智能时代阻碍创新的因素
创新教育：智能时代万众创新的培养
创客教育：智能时代万千创客的成长
创业教育：智能时代大众创业的孵化
协同发力：智能时代创新思维的培育

近些年来，创新教育、创客教育与创业教育（三创教育）备受广大教育工作者和社会各界的关注，一方面是源于三创教育的价值，另一方面也是因为三创教育对于智能时代科技快速发展及其向现实生产力转化的有力回应。自国家和社会大力弘扬三创教育文化以来，埋藏于人们心中的、普遍受到工业文化限制的、多年以来没有得到很好释放的创造激情，被一下子点燃起来了，从而从根本上引发人们重新思考当下教育，尤其是思考当下三创教育的本质、目的、实践与应用，思考如何在智能新时代培养学生的创新性思维能力。

一、局限分析：智能时代阻碍创新的因素

创新性思维，是指打破常规与思维定式，在原有的思维边界之外思考问题、解决问题和创造新事物的思维方式，本质上是创造和革新。创新性思维，亦是指因时制宜、知难而进、开拓创新的科学思维[①]。

从历史上看，创新性思维，带有明显的时代印记。在传统的农业时代和工业时代，创新性思维主要是围绕农业和工业进行；在大数据时代，创新性思维主要是站在数字化与数据化的角度进行；在人工智能时代，创新性思维主要是围绕智能而进行。譬如，人工智能时代的创新性思维，主要是一种跨界思维、整合思维与相关性思维。这种思维方式的缘起与发展，得益于大数据和人工智能技术本身的发展理念所延伸出来的社会文化，在潜移默化中成就了一个时代的创新文化，由此催生创新教育，推动着人们研究创新性思维。

人工智能时代，整体与部分开始呈现出有机统一的和谐关系，各个视域从"分裂"走向"综合"，人们的行为方式由"单向度"走向"多元智能"，技术领域也开始从单个"技术独立体"走向"技术复合体"。现如今这种"整体化""多元化"与"综合化"趋势已成为必然，人们发明的智能机器，不仅要指望它能够代替人类从事多方面的重复性劳动，甚至还希望它能够在思维方式领域减轻人类的负担。为此，人们势必要首先创造出能够集"思维、行为与情感"为一体的复杂机器。所以，客观上只有具备创新性思维与创新能力的人，才能更好地适应这个时代发展的需要。

2019年1月，习近平总书记在省部级主要领导干部坚持底线思维着力防范化解重大风险专题研讨班开班会上发表重要讲话时强调，要提高战略思维、历史思维、辩证思维、创新性思维、法治思维、底线思维能力，并特别强调创新性思维的重要性。习近平总书记指出："创新是一个民族进步的灵魂，是一个国家兴旺发达的不竭动力，也是中华民族最深沉的民族禀赋。"在习近平总书记看来，

[①] 中新网. 习近平为何一直重视"创新性思维"[OL]. http://www.chinanews.com/gn/2019-01-29/8741840.shtml.

"激烈的国际竞争中,惟创新者进,惟创新者强,惟创新者胜。"在如今这个时代,抓住了创新,就抓住了牵动经济社会发展全局的"牛鼻子"。实践证明,大到一个国家,小到一个地方、一个企业,"创新都是引领发展的第一动力"。因此,习近平总书记始终要求,"必须把创新摆在国家发展全局的核心位置,把科技创新摆在更加重要位置"[1]。可见,创新性思维与创新能力既关系党和国家的前途和命运,又关系企业的未来和个人的长远发展,真可谓"抓创新就是抓发展,谋创新就是谋未来。"

创新性思维是创新能力的根本。一个没有创新性思维的人,无论通过怎样的方式,都没办法从根本上让其拥有创新的智慧。创新性思维的核心是发散思维、联想思维与整合思维。如果不能掌握创新性思维的核心和本质,就很难发挥出创新性思维的魅力。由此可见,创新性思维是一系列关于思考问题的新思维的总和。

创新性思维是在外部环境与内部条件双重作用下的结果,必然会受到多种因素的影响,甚至是限制和制约。历史地看,创新性思维的每一次时代性的呈现,都无不反映外部环境对创新性思维的影响,也显示出生活在一个时代的人们的整体创新水平,以及创新文化对创新性思维的形成的人文塑造。

人工智能时代,是一个极具创新文化色彩的技术化时代。但创新性思维依然不可能完全摆脱枷锁,这是与创新性思维的时代性、民族性和社会性密切相关的。我国的创新文化,有着悠久的历史底蕴,"四大发明"成就了中国古代创新的文化自信,向世界显示国人过人的创新智慧。虽然如此,生活在人工智能时代的我们依然被很多因素限制,使创新性思维的发展受到威胁和挑战,如应试教育、思维与思维定式、传统观念与传统文化、工业文化的后遗症等,都会影响人们创新性思维的形成。

应试教育对创新性思维的限制。在应试教育的实施过程中,局限与优势并存。但若论应试教育对创新性思维的影响,负向的评价在所有观点中是占主导地位的。就应试教育本身而言,其发展过程中主要重视的是学生的智育,轻视德育、体育、美育与劳育,造成学生发展的后天不足。在整个应试教育的实施过程中,片面重视考试分数与考试成绩,学生的求学过程成为分数比拼的过程,加重

---

[1] 中新网. 习近平为何一直重视"创新性思维"[OL]. http://www.chinanews.com/gn/2019/01-29/8741840.shtml.

学生的学习负担，阻碍学生学习的积极性与主动性。应试教育还只注重教育的选拔功能，很容易导致教育的精英化发展。少数学生成为教师关注的重点对象，其他学生则任其随意发展。就此而言，应试教育的存在对于人才的长远发展有较大的局限性，学生所接受的多是灌输式的教育，学生的好奇心、想象力、批判性思维等，都被长期禁锢起来，严重束缚了学生创新性思维的形成。

思维与思维定式对创新性思维的限制。思维定式（Thinking Set），也称"惯性思维"，是由先前的活动而造成的一种对活动的特殊的心理准备状态，或活动的倾向性。情境不变的条件下，思维定式使人能够应用已掌握的方法迅速解决问题；但在情境发生变化时，则会妨碍人采用新的方法。消极的思维定式是束缚创造性思维的枷锁[1]。思维定式，对于已经历过的问题解决较为有效。过去，中国主要处于农业文化与工业文化中，在技术领域，人们主要通过经验的方式传递技术，人才的培养成为上一代人才的当代延续。这种经验思维，本身就是一种思维定式，只要发生新的场景，人们就很难适应，需要重新拜师学艺。要想利用这种思维来解决创造性的问题，则比较困难。在这种经验思维限制下，人们的思维与决策都是一种固定的反应倾向，始终跳不出传统的框架或者固定的思维路径。

传统观念与传统文化对创新性思维的限制。传统观念与传统文化对创新性思维的限制是根深蒂固的。传统观念和传统文化分为两大类：一类是先进的文化，另一类是落后的文化。比如，在洋务运动中表现出来的守旧观念与文化，他们认为老祖宗留下来的东西，后人是不能对其进行更改的，人们需要做的就是"遵守"。所以，洋务运动最终走向失败。再比如，清朝末年，朝廷为了不破坏皇陵风水，选择用马来拉轨道上的火车，成为世界的笑柄。可见，传统的观念与文化对新事物的态度是否定的，而创新性思维却是追逐创造与革新，两者显然不同。由此可见，现存的传统文化与传统观念，势必会限制人们进行创造活动与创新性思维。

工业文化的后遗症对创新性思维的限制。工业文化的后遗症，是指自工业革命以来，在社会上形成的一种商业化、标准化与理性化的文化环境。从经济学角度看，工业文化是一种功利主义文化，该文化起源于社会对经济规模与经济利益的极度奢求，在整个文化的发展过程中，速度与规模成为人们追逐的首要目标。

---

[1] 百度百科. 思维定式[OL]. https：//baike.baidu.com/item/%E6%80%9D%E7%BB%B4%E5%AE%9A%E5%8A%BF/9263375? fr=aladdin.

同理，从教育领域来看，这种文化依然能够显示出其弊端的一面。在整个工业大环境下，教育的发展主要是为了培养传统的工业人才，指在为某个特定领域输送专业化人才。由于社会岗位本身对人才的界定，就只是需要专业化的人才，所以人们只需要熟练地掌握某项独立的技能，便可获得很好的报酬。因此，这种文化本身就是鼓励人才的专业化发展。显然，传统的工业已不能适应智能时代，工业文化与智能文化的冲突在社会上开始形成。如今，在人们的思维领域，依然存在两种文化的激烈冲突。特别是在我国工业化与智能化互补发展的大环境下，传统的文化模式塑造的工业人才，不再适应智能时代的发展需要。

二、创新教育：智能时代万众创新的培养

创新教育是指为了培养人的创新性思维、创新能力、创新精神与创新人格而进行的教育活动。创新教育的核心和关键，是要培养教育对象的创新性思维，并能在新的思维方式的指引下塑造创新能力，在创新实践中锻造创新精神，进而形成"乐于创新、敢于创新、善于创新"的创新人格。

人工智能时代是一个技术大综合的时代，技术融合与技术跨界是革新传统技术的主要方式，技术的应用与技术的发展呈现数据化、智能化趋势，各项技术的发展不再是本身的独立前进，而是在整个技术空间协同前行。可见，相较于传统，智能时代的创新教育需要紧密围绕信息化、数据化、智慧化与智能化进行才具有时代价值与现实指导意义。

（一）实施创新教育的必要性

社会各界的竞争，归根结底是创新人才的竞争。"得创新人才者，竞争得以胜"这句话从侧面充分体现了创新的价值与意义，实施创新教育关系国家、社会、企业与个人的前途和命运。

对于国家而言，实施创新教育，一方面有助于在一个国家铸造创新文化，营造整体的创新氛围，鼓励更多的人投身创新行动，提升整体的国民创新素质；另一方面，有利于建设创新型国家。2016年6月，中共中央国务院印发《国家创

新驱动发展战略纲要》，在《纲要》中指出，"创新驱动是国家命运所系。国家力量的核心支撑是科技创新能力。创新强则国运昌，创新弱则国运殆。我国近代落后挨打的重要原因是与历次科技革命失之交臂，导致科技弱、国力弱。实现中华民族伟大复兴的中国梦，必须真正用好科学技术这个最高意义上的革命力量和有力杠杆。"由此可见，创新教育担负国家的前途和命运，担负一个民族的科技创新重担，更是建设创新型国家的重大举措。

创新教育是企业生存的根本。"人无我有、人有我优、人优我特"，这其中反映企业创新的表述虽然通俗，但道理非常深刻。对于企业而言，通过创新路径研发出市场上没有的商品，是企业抢占市场最有效的途径。对于各家企业都在经营的产品，企业需要做的就是在产品的性能上、结构上、外观上进行创新，创造出价值更高的产品，才能更受市场欢迎。所以，在企业中开展创新教育意义重大，这是企业培养创新人才、留住创新人才的关键，并且直接关系到企业的市场份额与未来前途。一个止步不前的企业，一个不谋求创新的企业，没有谁相信它能够恒久屹立而不倒。

创新教育是教育的重要内容。教育是有目的的培养人的活动，它关系教育对象的生存与发展。但在当今时代，创新已成为国家、企业与个人竞争的关键要素，在国家层面需要创新人才，在企业层面需要创新人才，就个人的发展来看，唯有接受创新教育，才能更好地适应充满激烈竞争的社会生活。

因此，无论是家庭教育、学校教育还是社会教育，都应该教会学生树立创新的理念，培养创新型人格，积极主动地从新视角看待问题、解决问题。从技术的视角来看，人类的整个发展历史，就是生存与淘汰的历史。特别是在智能时代，技术与人文的冲突异常激烈，人与人之间的淘汰、人与机器之间的淘汰呈现"双重叠加"的发展趋势，不具备创新思维与创新能力的人，不仅会被他人替代，还会面临被机器替代的危险。因此，创新教育应该成为当今教育的重要内容，各级各类教育都应该围绕创新教育而展开，以切实提升教育对象的创新能力和创新水平。

（二）智能时代的创新教育新视角

智能时代的创新教育，关涉国家、社会、企业与个人等不同主体的创新活动与创新实践，是国家与地方各个教育机构共同努力的结果，也是基于人才培养、基础设施建设与国家顶层规划设计的结果。

创新教育是智能时代人才培养的重要突破口。新华网从教育部获悉报道，截至 2019 年 10 月，全国各大高校专门从事创新教育的教师已经超过 11 万人。其中，专职从事创新创业教育的教师有 2.8 万人，兼职担任创新创业教育教师的有 9.3 万。这说明，目前我国的创新教育已经具备一定的师资基础。创新教育的存在不仅要使教育对象成为创新人才，而且也是锻造教育者走向创新之路的重要推动力。教育者与教育对象的良性互动将构成创新教育活动与创新教育实践中最活跃的因素。

但是，就创新教育的总体发展而言，师资缺口依然较大，这是由中国现存的整个教育领域的师资供需矛盾决定的。创新教育的师资匮乏主要表现在东西部人才队伍不均衡，发达地区的创新教育人才大量集结，偏远、落后地区的创新教育人才流失，国家创新人才总体规模较小等。因此，开展创新教育，应该加大力度促进创新教育师资队伍建设与培养，在创新教育领域打造一支铁军，成为创新教育急先锋，引领创新教育的时代潮流。

创新教育，培养创新人才是第一要务。没有创新人才队伍的支撑，创新教育将成为无源之水，关于创新教育的实践也就无从谈起。但是，人工智能时代，既然已经谈及创新教育人才队伍建设，我们就应该继续深入探讨创新教育的社会实践与应用，以便于为后继创新教育的可持续发展铺平道路。

智能时代，社会各领域的深度智能化发展给予创新教育的实践以重要方向。因此，当下的创新教育多是与互联网、大数据和人工智能技术密切相关。例如，天津人工智能创新教育先行先试，开创了属于地区的人工智能创新教育发展模式——校企合作。2019 年 5 月 16 日，天津市河东区创新教育实验室落地天津市第七中学，为天津市河东区探索人工智能创新教育积累了成功经验。本次校企合作的创新教育模式主要通过创新教育内容、改善创新教育环境、改进创新教育的课程，以人工智能技术为创新教育的主攻方向，满足学生对人工智能技术的探索需求。

人工智能技术，对于如今的中小学生而言，似乎是一项"可望而不可及"的技术，学生对其保持着高度的敏感性。中小学生的敏感性主要源于人工智能技术热潮的社会化与神秘化。就这项技术本身而言，80 后、90 后对这项技术赞不绝口，但学习之路却是步履维艰，原因在于这两代人并非"智能原住民"，而只是

"智能移民"。从心理上讲，这个阶段的学生，好奇心最强，接受新生事物的能力也是最强的，而且学生本身有一种强烈的渴望，渴望超越祖辈与父辈，成为独树一帜的时代新人。为此，他们对于人工智能技术的探索需求非常强烈。

基于此，中小学的人工智能创新教育开始发展。2019年3月，首届国际中学生人工智能交流展示会在北京成功举办。本次会议主要围绕中学生的人工智能基础教育而展开，旨在通过交流展示会的形式向全社会传达中学生人工智能创新教育的热情，以及探讨具体的实践路径。该交流展示会议涉及多个学科（如计算机科学、信息科学、工程学、数学与人工智能等）与多项人工智能技术（如人脸识别、人类异常行为检测、无人驾驶、环境监测等技术）。本次会议还为中学生提供了一个创新平台，不仅肯定他们的创新成果，而且还集结大批创新教育的专家学者给予实践指导，这对于提升学生的整体创新能力，帮助学生获得创新成就感与创新价值感具有重大现实意义。

中小学生一代，是未来创新教育的领航人，作为"智能原住民"的他们，以智能为思考问题的思维基础，势必将大大提升学生的社会适应能力和综合创新能力。从想法到实践的落地，从信息时代到智能时代的转化，中学生的人工智能创新教育如火如荼，这是智能时代的必然要求。2018年6月，由华东师范大学、商汤科技与知名教师共同编著的AI教材《人工智能基础（高中版）》的出版发行产生了一定的影响。随着该教材社会影响力的不断增强，越来越多的中小学校开始以此为教学材料开设人工智能教育的课程。截至目前，全国已有40多所中学成为该教材的教育实验基地，充分显示了智能创新教育的实践吸引力，也间接地告诉国人，如今的智能创新教育已经成为专业的教育形态，不只是说说而已。

综上而言，学校的创新教育不仅要重视培养人本身的创新品质，还要引导学生认识新兴技术，培养创新的基础理论功底，以便于学生能够积极拿起新时代的技术武器，去重新探索这个世界，从而提升整体的创新能力。

不同的领域，创新教育的实践方式存在差异。就社会层面而言，创新教育的实践模式又将别开生面，以一种全新的形态展现出来。

2019年全国"两会"期间，习近平总书记在参加福建代表团审议会议时强调："要营造有利于创新创业创造的良好发展环境。要向改革开放要动力，最大限度释放全社会创新创业创造动能，不断增强我国在世界大变局中的影响力、竞争力。"激发社会创新活力，企业最先站出来开展创新教育实践。

2019年7月，阿里巴巴GET数字经济创新创业大赛总决赛在贵州大学开幕，决赛就创新项目的优势价值、市场前景、商业模式与融资规划进行评比，加强了企业引领下的学校创新教育的实践导向，突出创新教育实践的社会影响力。企业创新教育实践，落地形式多种多样，掌门教育开启了创新教育落地新形势。作为强势的国内辅导机构，由"清、北、复、交、浙"[①]联合创办的掌门教育于2019年9月成为目前国内唯一一家受邀的"5G＋教育"在线企业，与华为、中国移动等大型知名企业共同进驻中国首个"5G全球创新港"。据悉，该创新港坐落于中国上海，旨在面向国内和国际两个市场，推出新时代的5G创新产品。掌门教育的进驻，必然有利于推动创新教育与新兴5G技术的融合，成就创新教育的5G时代。

"5G＋创新教育"，标志着创新教育的发展走向深度技术融合的新时代。随着5G技术的不断发展，以及AR、VR、MR等技术的商业应用的不断成熟，由平安科技有限公司引领的创新教育——5G技术与AR技术同时得到关注，"5G＋AR＋创新教育"模式诞生。人工智能时代，创新教育主要是通过慕课、网络公开课、面对面视频互动等形式进行，传统4G网络技术的数据传输速度慢、高延时性、传输质量不佳等问题，限制了它的高质量发展，很是影响创新教育的质量。然而，5G技术恰好解决了4G创新教育过程中存在的不足，为创新教育的发展注入了新鲜活力。

从整体上来说，"5G＋AR＋创新教育"的模式，旨在从教育对象的数据获取效率与质量上着手，再结合AR体验技术，给创新教育对象呈现出更高清晰度、更高教育体验度的极致体验，从而保证了基于智能传输的创新教育视频的共享与普及，创新教育的沉浸式体验由此而生。平安科技试行的"5G＋AR＋创新教育"的模式最终在与中央电化教育馆资源开发部的紧密合作下，推出了中央电化教育馆教育教学综合应用系统虚拟现实平台——平安科技K12VR教育云，从整体上改善了创新教育的教师教学互动模式、多人在线教育模式和课程内容呈现方式，深度解决传统创新教育的现实痛点，深得创新教育对象的青睐。因此，平安科技"5G＋AR＋创新教育"的模式正渗透到学校创新教育与家庭创新教育中去。

人工智能时代创新教育的校企合作模式与"5G＋AR＋创新教育"模式仅代

[①] "清、北、复、交、浙"是指清华大学、北京大学、复旦大学、上海交通大学、浙江大学。

表创新教育的部分典型，关于创新教育与新兴技术的结合，还有无数种可能有待挖掘。

人工智能时代，智能机器与人类的矛盾逐渐激化，人类只有谋求创新，在情感、思维与精神领域寻求独立，人类才能与机器保持一种和谐共存的状态。所以，人工智能时代的创新教育，不会止步不前，而是会继续向前发展，势不可挡。因此，应该对未来创新教育的发展进行一个整体规划，不仅要规范新兴技术在创新教育领域的应用，还要审视创新教育的时代价值与意义。不能将创新教育变成"为创新而创新"的空想教育，而是应该在党的创新教育思想的指引下，在科学的创新教育规划的帮助下，引导人们完善终身学习机制，强基固本，深化基础创新教育改革，提高人们的整体创新水平。

三、创客教育：智能时代万千创客的成长

与创新创业教育相关联，创客教育也是新时代必须高度关注的问题。谈及创客教育，不得不提及20世纪的朋克文化与反消费主义文化，以及与之密切相关的DIY文化。

（一）创客教育诞生的文化背景

20世纪70年代，美国音乐界掀起一阵朋克文化狂潮，在朋克文化的诉求中，将批判传统音乐文化，追求时尚与新文化作为旨归，直接或间接地反映了当时社会发展的现实状况，以及人们对主流文化的赤裸裸的抨击和挑衅，实则是人们对社会现实强烈不满的一种文化发泄方式。但无论如何，朋克文化的出现将美国内外部社会矛盾进行文化层面的调和，带动了整个国家和社会的新一轮转型。

与此同时，诞生于20世纪20、30年代的消费主义文化盛行于世，与朋克文化交融发展。在全球工业进程逐步加快的情况下，人们逐渐从原有的物质匮乏的时代迈入物质充盈的时代，一种以物质消费和物质享受为主的消费文化成为人类文明的主流文化——消费主义文化，并导致诸多的社会问题。众多专家开始反思此种文化带来的社会危害，并引导人们理性消费，由此催生一种与消费主义文化

共存的反消费主义文化。反消费主义文化,主张人们在消费的过程中注重消费的理性,唾弃购物带来的身心愉悦之感,购物应以实用为导向。在 20 世纪 90 年代,由加拿大 Adbusters 杂志提倡发起的国际罢买日(International Buy Nothing Day,每年 11 月的最后一个星期五/六),成为反消费主义文化的重要组成部分,它在告知世人适度消费的价值与意义。

从本质上讲,无论是朋克文化还是反消费主义文化,在当时的时代背景下都是一种新文化。之所以被认为是那个时代的亚文化或是非主流文化,主要是因为它与当时的工业正统文化存在较大的冲突和抵抗。正是因为社会正统的工业文化带来的社会阵痛,人们以"失去自我"和"沦为单向度"为代价,换来了社会的集体觉醒,人们开始谋求一种以个体生命价值与尊严为主导的新文化,以期从中找到自由与自主的存在。所以,朋克文化与反消费主义文化的糅合与交融,铸造了如今比较盛行的美国 DIY 文化。

DIY,是 DO IT YOUSELF 的简称,意思是自己能做的事情就自己做,这种文化宣扬人们应该自己解决自己的问题。"我会了,我自己来""不用帮我,我能行""这个事情我能解决"等,成为 DIY 文化在现实中的表现形式。

DIY 文化是一种自立文化,鼓励人们自己动手、动脑解决自己的生存问题与发展问题。正是如此,DIY 文化迎合了时代的要求,在这个极具竞争的时代,人们更应该以积极的心态谋求自身的改变,而不是将自身的希望寄托于他人之上。而这种转变,在不同的时代背景下又主要表现为创新文化与创造文化,要求人们要以新的视角、新的思维方式、新的问题解决模式去应对复杂的外部环境。所以,DIY 文化最终演变为创客文化,在创客文化熏陶下的人们,酷爱科技、热衷实践,并且坚信幸福生活源于实践。

大数据和人工智能时代,创客文化日渐发展成熟,并从局部地区向全球普及。结合如今智能技术时代背景,通俗地讲,创客教育就是"创客文化+教育"。

(二)创客教育的本质与优势

鉴于人们对创客教育仍然保持"熟悉而又陌生"的感觉,在探讨创新教育的具体实践之前,有必要具体看一下创客教育的概念与特征。关于创客教育的概念,不同的学者给出不同的解释方式,仁者见仁,智者见智。

赵晓声认为创客教育在本质上应是信息时代创新教育的新载体、新形态,为优化创新人才培养体系提供了可能的"操作系统"①。杨现民等认为创客教育是一种融合信息技术,秉承"开放创新、探究体验"教育理念,以"创造中学"为主要学习方式和培养各类创新型人才为目的的新型教育模式②。张茂聪认为创客教育强调人的主体地位和价值,致力于将学生从知识的奴隶变为知识的主人;注重具有知、情、意、行等能力的"全人"的培养,在知识的应用中深化、内化知识,更加注重知识的创造③。

结合人工智能时代背景,再谈创客教育。祝智庭认为人工智能时代的创客教育旨在培养有志于从事人工智能开发与创新的创客,这些创客不仅要有扎实的技术功底和敏锐的技术前瞻性,同时也应具备懂合作、善交流、不轻言放弃的创客精神。人工智能开放平台、智能机器人、物联网等新兴技术手段为创客教育提供开放新颖的体验和创意实践平台④。可见,创客教育,本质上是创新教育的载体,通过借助新兴技术完成创新教育工作,其主要目的在于培养人们的创客能力和创客精神。

人工智能时代,智能化的创客教育深受社会欢迎。2009年11月,美国时任总统奥巴马在"教育走向创新"的活动中,首次倡导美国学生应该成为知识的创新者和社会的创造者,这成为美国政府在全球率先开展"国家创新战略"和进一步落实创客教育的标志⑤。与此相继,美国从国家战略层面提出了《国家创新战略》,进而引发了一大批国际性知名大学与企业布局创客教育,延伸了美国创客教育的全球影响力。创客教育实验室、创客教育空间、创客教育学校、创客教育机构、创客教育孵化基地等应运而生。

创客教育的诞生,之所以能够得到政府政策的推动和企业与科研机构的积极拉动,主要源于创客教育本身具有巨大的价值潜力。首先,创客教育能够培养人的创新思维。创客教育的核心就是培养人们的创新思维,人们通过运用智能创客技术,以智能创客空间为载体,培养人们的抽象思维、全局思维与发散性思维。

---

① 赵晓声,司晓宏. 创客教育:信息时代催生创新的教育新形态[J]. 电化教育研究,2016,37(04):11-17.
② 杨现民,李冀红. 创客教育的价值潜能及争议[J]. 现代远程教育研究,2015,(2):23-34.
③ 张茂聪,刘信阳,张晨莹等. 创客教育:本质、功能及现实反思[J]. 现代教育技术,2016,26(02):14-19.
④ 祝智庭,单俊豪,闫寒冰. 面向人工智能创客教育的国际考察和发展策略[J]. 开放教育研究,2019,25(01):47-54.
⑤ 京师书院. 方兴未艾的美国"创客教育".[OL]. http://www.sohu.com/a/238343517_381106.

其次，创客教育能够培养真正的创新人才。从结构上看，创客教育隶属于素质教育，是素质教育的有机组成部分，推进创客教育就是在推进实施素质教育。创客教育的理念、方法、内容与载体等，都是围绕学生的创新素养的培养、创新精神的塑造而展开的，它能够帮助学生减负，较为彻底地转变学生以往死记硬背的学习方法。学生可以通过创新实践与生活经验总结，以较为灵活的方式学到应学的知识，从而有利于学生的全面发展。

最后，创客教育有助于学生适应智能时代。人工智能时代的创客教育，无论是其教育内容、教育方法，还是教育载体，都将紧密围绕人工智能技术而展开，甚至直接将教授人工智能知识与技能作为创客教育的内容，引领学生超前发展。如今，很多中学已开设人工智能创客教育课程，高等教育学校已存在多种形态的人工智能创客教育空间，各种人工智能教育机构也已开始了人工智能创客教育。编程技术、人脸识别、图像识别、机器人技术等成为创客教育的主要内容，这无疑将会拉近创客教育与智能时代的关系，促进创客教育与社会的紧密联系，促进创客教育与人的未来发展紧密联系。生于智能时代，长于智能时代，创客教育的价值正在朝着促进学生适应复杂多变的智能时代而演变。

（三）创客教育的具体实践

创客教育的蓬勃发展最终需要通过创客教育平台得以实现。创客教育平台，是指专门提供给创客进行创新的活动空间，包括网络虚拟创客平台和现实物理创客平台两大类。在智能技术盛行的当下，创客教育平台的具体实践与应用，离不开智能技术的有力支持。所以，在创客教育领域出现两种较为典型的创客模式：一种是基于智能技术的智能创客平台，另一种是基于创客文化的智能创客平台。

以承德智翔机器人创客中心的平台为例，它是一种专注于人工智能创客教育的专业化平台。应时代发展要求与国家政策引领，承德智翔机器人创客中心的团队融合创客文化与智能技术，开设了专业化的智能创客平台，成为国际人工智能创客教育领域为数不多的拓荒者。承德创客教育平台自建立以来，在相关的教育课程领域取得众多成果。目前，他们已将 3D 打印、激光雕刻、无人机航模、比例赛车、Scratch 少儿编程、双语 Scratch 编程（全球首家融合国学英语、编程、人工智能、编程英语、艺术创作等元素的复合型课程）、无线电通信、Arduino 智能制造、美国 VEX 机器人等课程纳入智能创客平台的课程体系。特别是其结合人工智能技术、传统乐高教育与创客教育技术自主研发而成的双语创新素质教育课程体系，深受广大服务对象的欢迎和喜爱。目前，该平台已经与承德地区多所学校达成合作协议。由企业的独立发展到走进校园开拓智能创客教育新天地，承德智翔机器人创客平台正逐渐发展成为规范化、制度化与标准化的智能创客平台。

如今，随着承德创客平台的不断发展成熟，其平台规模也在不断扩大。单就师资力量而言，其教师队伍就在迅速扩大，在此基础上，该智能创客教育平台的课程体系还在不断完善，创新造物亲子课、比例模型、单片机、程序设计、人工智能编程语言 Python 编程、Arduino 开源硬件等高难度课程相继被引入承德智能创客教育，而且该智能创客教育平台的教育效果显著。2017—2019 年，仅三年的时间，来自智翔机器人创客中心培训的承德少年就已经在全国青少年创客联赛总决赛、世界机器人大赛等知名赛事上获得冠军和季军的好成绩。

智能创客教育的专业化平台，主要围绕人工智能课程体系进行创新教育，对于教育对象的智力开发、思维训练与实践能力培养具有重要价值。这种人工智能创客教育平台的核心思维是为未来的智能时代培养创新人才，提升现阶段的"智能原住民"的智能基础素养。未来的国家竞争必定是建立在智能技术基础上的新兴科技的竞争，国家力量的较量本质上是人工智能创新人才的较量。因此，我们应以多种方式迅速推动，促成智能创客教育平台的普及。

以海尔的创客教育平台为例，它是一种以创客文化为基础的创客教育平台。海尔的创客教育平台众多，包括海尔大学、海尔创客加速平台、海尔·海狸大学生创业众包平台、海尔创客实验室、海尔创客夏令营、创业周末（青年创客版）、青年创客计划、未来新动能等，覆盖范围较广，类型多样。

海尔的创客教育，源于海尔的"创业与创新"文化。在海尔集团，这种文化旨在通过海尔人自己的学习平台和创客加速平台，培养和成就每位员工成为自己的 CEO，并将成就海尔用户作为创客文化的核心文化，让海尔的员工"人人成为创客"。自海尔打造企业"双创文化"、铸造"双创精神"以来，海尔的创客平台已经吸引大量海内外创客资源，并通过公开课、青年计划、夏令营、导师辅导、创客公开课等课程形式，扩大了培养海尔创客人才队伍。

随着智能时代的深入发展，海尔的创客平台正朝着渠道扩张和平台智能化的方向发展。海尔的创客平台的发展不局限于集团内部的自我成长，还踊跃地迈出集团大门,走向校园和社会。在面向学校的渠道扩张方面,海尔集团创建海尔·海狸大学生创业众包平台,为学生提供O2O模式下的校园社交、学生生活,以及投资机构和商家对接等C2C与B2C服务。并深化融合现代化新兴技术,引入智能在线系统,颠覆校园传统的消费模式。在多年的校园服务与企业业务数据的积累过程中,海尔正好赶上大数据技术成熟的年代,使得海尔的创客教育服务平台得以依托大数据技术,实现平台的"一对多"服务,打通了各个独立的创客平台之间的壁垒。

海尔创客教育平台的智能化发展,凸显海尔"创业不守业"的创客精神。敢于革故鼎新、勇立创新潮头,需要巨大的勇气和卓越的前瞻思维。海尔创客平台的智能化发展,意味着整个海尔集团的技术风向已发生转变,企业的整个系统都将围绕智能转型升级而展开,所以具有很大的创新风险。但事实证明,他们的创客教育平台的智能化发展,跟对了时代潮流。日前,站在人工智能创客教育的风口上,由"海尔超前创新中心"组织、新智元协办的创客公开课在海尔大学开课,旨在协助海尔的创客深入掌握人工智能与VR、AR、智能应用场景和未来的奇点,以期共同创造海尔的智能新未来。未来,海尔的创客教育还将在其创客文化的引领下,不断走向更加舒适、便携与智能的未来。

综上可知,无论是承德智翔机器人创客教育平台,还是海尔创客教育平台,都是借助平台化的优势和力量助力创客教育走向具体实践,从而促成教育资源与创客教育对象的有效衔接。两者最终的归宿,都是希冀契合智能时代背景,在新的社会潮流与市场人才需求变动的条件下,高效地培养出适应智能时代的创新创业人才,并以他们的成就作为创客教育平台的骄傲。

如今的创客教育,主要是以智能技术相关的课程为导向,旨在培养智能创新人才队伍。随着创客教育的发展成熟,其引发的社会关注度也越来越高。以山东省为例,2017年3月,山东省教育厅发布《关于印发山东省学校创客空间建设指导意见的通知》,提出加快推进创客空间建设,倡导省内相关单位要积极构建创新投入机制,有效整合创新资源,大力支持创客空间的建设。截至目前,在国内已有山东、广东、河南、西安、山西等省份出台支持创客空间建设的文件,给创客们带来了意想不到的福利。

人工智能技术引入创客教育,意味着创客教育的智能新模式、新趋势、新概念的诞生,传统的创客教育模式正在被解构与重构。人工智能时代的创客教育在创客个人、家庭、学校、企业与政府的大力支持下,将进一步迈向新蓝海。整体来说,当下的人工智能创客教育的大多数实践都在关注创客的智能基础教育。着眼于未来,创客教育将在物联网、大数据与人工智能技术的支持下,更加关注人工智能的高端教育领域,不仅触及人工智能的基础知识结构,还将关涉人工智能的情感教育与认知教育。

四、创业教育:智能时代大众创业的孵化

作为一个新崛起的技术领域,人工智能技术的发展给世界带来了大礼——智能化,促使整个世界的生产、生活与学习方式出现范式转向。以人工智能技术为思维前提的问题思考方式和问题解决方式和在人们之间形成的关于批判的理论、实践的理论,无不都在围绕着人工智能技术而有序展开。同时,新的挑战也随之出现,由于新兴技术代表的是一个全新的领域,对其理论和应用的研究都需要具备惊人的前瞻思维,才能在其前沿领域找到新的出路。

这就说明,智能时代,人们所要面对的一切都是新的,意味着人们要以全新的思维应对现实生活,也要以全新的思维开创未来。随着人工智能技术的不断发展,关于人工智能技术的基础理论研究已经进入较为深层的领域。然而,关于人工智能技术与具体应用领域的结合,目前却还处在探索阶段,如人工智能与医疗领域的结合、人工智能与教育领域的结合等。在此背景下,人工智能技术的应用热潮势必会催生关于人工智能应用的创业热潮。

李克强总理早在 2014 年 9 月的夏季达沃斯论坛上,就提出了"大众创业、万众创新"的号召[①],呼吁广大人民群众积极开展创新创业工作。

在"大众创业、万众创新"的号召下,国内的各个领域掀起新的创业狂潮,与此密切相关的人工智能创业教育也得到飞速发展。通俗地讲,人工智能创业教育是指"人工智能+创业+教育",就是将人工智能技术运用于创业教育中,一方面是围绕人工智能教育领域进行创业教育,另一方面是围绕人工智能技术,在

---

① 转引自:谭斯琴. 创业教育视域下人工智能课程建设及其发展方向研究[J]. 创新创业理论研究与实践,2018,1(12):47-48.

众多领域中寻找人工智能创业的新路径。

教育部高校毕业生创业智库首席专家李肖鸣博士表示："我国创新技术的教育亟待加强，创新技术理论需要发展和研究，需要借助人工智能一起创建中国的创新教育。创新创业教育需要更多的工具，通过运用人工智能等新技术，营造人人可创新、时时可创新、处处可创新的氛围，首先是老师自己掌握技术，然后让学生掌握创新的技术，最后激发学生的创新潜能，进而使我国创新能力不断提高，成为创新型国家[①]。"要营造智能时代"双创"氛围，自然而然，要在高等院校围绕人工智能教育领域开展创业教育。

2017年5月，中国科学院大学率先成立人工智能技术学院，随后，众多高等教育学校也纷纷设立人工智能学院。人工智能专业进入大学校园，为未来的智能社会发展培养智能创业人才具有重大作用，无论是在系统的理论知识上，还是在专业化的实操技能上，他们都在人工智能领域的未来创业上具有先天优势。所以，2019年的高考生填报高考志愿时，人工智能专业成为热门专业。

人工智能教育，是在为人工智能创业教育培养必要的人才队伍，为寻找人工智能创业的新路径做好准备。社会的发展要求是需要走在创业一线的人员积极开展人工智能创新创业活动，带动整个创业领域转变发展方向，攻占智能创业的制高点。

早在2017年7月，谷歌就在其官网公布了一个名为Developers Launchpad Studio的项目，为期6个月，并向项目支持方投资巨额资金。据谷歌研究总监Peter Norviq介绍，该项目的主要目标是要在世界范围内培养人工智能和机器学习的创业公司。

驻足智能创业教育领域，模范企业正在以"创业教育＋产业孵化"的模式进行。正值腾讯的"云＋创业计划"的智能创业教育模式开展之际，阿里巴巴旗下的蚂蚁金服共享学习平台也在智能创业教育领域突飞猛进，并成功斩获2019中国人工智能峰会的"紫金产品创新奖"。如今，蚂蚁金服共享学习平台已成为国内智能创业教育的典范。以人工智能技术为基础的创业教育，数据、算法与算力都是需要集中关注的重点。而蚂蚁金服在智能创业企业的数据治理领域，由于有较为强硬的技术支撑、雄厚的资金支持与完善的课程体系为背景，蚂蚁金服的智

---

① 浙江新浪网. 创新创业教育：拥抱新智能探寻新路径[OL]. http://zj.sina.com.cn/edu/2018-11-22/detail-ihmutuec2666200.shtml? qq-pf-to=pcqq.c2c.

能创业教育平台深受欢迎。

蚂蚁金服帮助智能创业企业解决数据难题。数据是智能的基础，数据的隐私保护、数据的标准治理、数据的共享、数据的孤岛等问题是困扰智能创业企业发展的重大难题。对于此，蚂蚁金服给出了自己的专业解决方案，建立了专业的共享学习平台，专门用于帮助不同的创业机构、创业的个人解决数据难题。蚂蚁金服开展企业数据治理教育是在技术优势、政府法规、伦理道德规范等的要求之上，确保数据共享学习平台的数据安全，实现数据的多方协同和授权共享，得到更准确、更高效的数据模型和决策框架，进一步释放智能创业企业的数据价值。

从上面的讨论可知，高等院校的人工智能学院为社会的发展间接培养智能人才，而蚂蚁金服共享学习平台则是通过教育的方式无形间助力众多智能企业的崛起。可见，无论是何种创业教育形态，都将紧密围绕人工智能技术而进行。总的来说，基于人工智能技术的创业教育要充分运用校园、企业与教育机构三种平台资源，积极开拓国内、国外"两个市场"，有效运用系列人工智能技术不断地向人工智能应用的纵深领域延展，从而实现人工智能创业教育与时代发展深度契合，满足社会发展与人的发展的多样化需求。

五、协同发力：智能时代创新思维的培育

创新、创客与创业教育的重点是培养学生的创造性思维能力，这就需要我们把握创造性思维的特征，推进"三创教育"的实施。

创造性思维是指重新组织已有的知识、经验，提出新的方案或程序，并创造出新的思维方式的过程。它是在一般思维的基础上发展起来的，是人类思维能力高度发展的表现。作为人类思维中的高层次思维，它具有以下主要特征。

首先，打破常规，异于传统。创造性思维常常以非逻辑、非常规的形式表现出来，即不同于传统的经验和方法，它能对已有的理论提出怀疑，并能大胆设想新的理论和新的方法。这是创造性思维与传统思维相区别的显著特点。正如著名作家王尔德所说："第一个用花比美人的是天才，第二个是庸才，第三个就是蠢才了。"著名数学家高斯在读小学时，解答"1至100之和是多少"这个问题时，

没有用传统的"1+2+3+……"的方法计算,而是用一个独特的方法 101×50＝5 050,这种算法突破了常规,别出心裁,体现的就是创造性思维。

然后,积极主动,敢于进取。创造性思维的主动性和进取性表现出创造者的心理处于主动进取之中,发挥了本人最大的主观能动性。凭着这种积极的心态,创造者能克服种种困难和险阻,去夺取新的胜利。英国医生琴纳历经 30 年反复试验,终于获得将牛痘接种到动物身上使其获得免疫能力的成果。之后,他又冒着极大的风险,在自己孩子身上做人身接种试验,最终确证牛痘可以预防天花。可见,积极主动、敢于进取是创造性思维的显著特征之一,也是确保取得创造成果的重要条件之一。

其次,与众不同,大胆独特。创造性思维往往具有新奇、独特的特点,因而往往也是首创的,甚至是孤立的。魏格纳提出大陆漂移假说时,全世界一片哗然,怀疑、讽刺、斥责使他处于孤立无援的困境。直到魏格纳逝世几十年后,大陆漂移说才逐渐被人们接受。一个学生,当他掌握了创造性思维时,不仅能将新知识、新概念同化到已有的概念和知识系统中去,而且能够利用新知识、新概念改造旧概念,因而他在解决问题时,不死套公式,能融会贯通,举一反三,灵活而简便地解决问题。

再次,立体思维,明察秋毫。传统思维往往是从单个方向去思考,一遇到困难常常会堵塞思路,使问题得不到解决。而创造性思维属于多向思维,它从不同的方向、不同的角度、不同层次或者说是由点到面、由面到点、点面并存、多路共补,形成立体思维。由于它的思维多向性,解决问题就显得与众不同,能想出别人想不到的方法。解题时,有的学生仅使用一种方法,有的则用了多种方法,甚至用了教科书上没有介绍过的方法,因而后者考虑问题的角度比前者要大得多,创造性思维的成分也就大。这些学生的收效不仅是学到了知识,更重要的是学会了思维方法,因而得到了更大的锻炼和提高。

最后,灵机一动,突然闪现。创造性思维常常以突然降临的形式在人脑中闪现出来。当然,这种突发性并不是"从天上掉下来"的,而是平时大脑高度集中的紧张思考和经验积累的结果。众所周知的牛顿提出万有引力定律,凯库列提出苯的环形结构等,都是很好的例子。

创造性思维不是人人天生就有的。在过去的应试教育条件下,过分强调分数和知识教育,忽视了素质和三创教育,使学生的创新能力没有得到很好的开发。

因此，在智能新时代，我们在根据创造性思维的特点，推进三创教育，培养三创人才时，尤其要注意以下几点。

第一，树立创新意识。首先，要有创新的愿望和期待。有想要创新的想法，人们才会主动关注创新思维的形成过程与形成结果。其次，要树立创新意识。树立创新意识，是培养创造能力的思想基础。再次，掌握树立创新意识的方法。创新意识与创新性思维之间存在内在的联系，两者之间没有绝对对立的走向，更多的是相辅相成、相互促进的关系。所以，掌握树立创新意识的方法势必有助于人们形成创新性思维。最后，将创新意识融入素质教育。在推进素质教育中，一定要使学生树立创新意识，尤其使他们具有好奇心、求知欲和怀疑感，以及保持思维的独立性和创造性。

第二，克服消极的思维方式。培养学生的创新思维，就要注意改正、克服一些妨碍创新的消极的思维和想法，尤其要注意克服思想懒惰、一知半解、僵死单一、光说不做、"我不行""随大流"等问题。

第三，培养良好的学习习惯。良好的学习习惯是提高创造力的重点之一，是成功之母，不良的甚至坏的习惯是通向失败的敞开之门。因此，我们要注意培养学生良好的学习习惯，包括勤学、好问、细察、多想、常记、实干等。

第四，克服思维定式的干扰。在条件不变的情况下，思维定式可以简化人们的思维程序，有利于问题的迅速解决。但在条件变化的情况下，它又可能成为一种僵化的思维模式，使人误入歧途，从而妨碍问题的解决。所以，要注意引导学生克服思维定式的干扰，尤其要使学生看问题时抓住事物的本质，仔细研究问题各方面的要求，而不是一碰到问题，就匆忙套用脑子中已形成的模式。

第五，培养学生发散思维。对一个问题用多种方法来解答，即对一个问题从多个角度、多个方向、多个侧面、多个层次想办法解决，这就是发散思维。发散思维能使我们思考问题和解决问题时不停留于一般水平上，而是力求向更高、更新的方向迈进，使问题得到更好、更彻底地解决。当前学校教育中，不少学生思路狭窄单一，思维迟钝呆板，解题只会按例题硬套或照搬教师讲过的方法，不知道根据已知条件假设几种可能的解决方法，题目稍有变化，更是束手无策。各学科知识之间不会迁移、变通，缺乏思维灵活性和创造性。究其原因，可以说是多方面的，但重要的一点就是学生发散思维能力较差。

第六，让学生学会横向思维。横向思维是相对于垂直的、向纵深发展、呈直线式的纵向思维而言的。如果把纵向思考作为正面的话,那么横向思维就是从问题的侧面去考虑。从思维创新的角度出发,应将思维从"线"向"面",甚至向"体"的方向发展。横向思维就是鼓励人们沿原有的思维方向,向四面八方做多角度的延伸,以求获得更多认识和启发的一种思维方式。要培养学生在解决问题时,有意识地暂时放下原来占据主导的思想,去寻找原来不被重视或注意的另一条思路。

第七,开发学生的右脑。人的大脑分为左脑和右脑,它们各司其职,相互配合。在当前教育中,主要是开发和利用了左脑,右脑的开发较少,而右脑在创造性思维中又占据着重要的地位。因此,开发右脑是非常重要且迫切的事情。

第八,加强艺术教育。艺术教育能开发右脑潜能并使左右脑平衡发展,有助于产生创造性设想,激发创新动机,为创新提供方法论原则。培养直觉力、想象力并诱发创造灵感,对创新活动和培养创新人才具有重要作用。当前,应加强艺术教育,培育创新人才,提高我国的科技创新能力。

第十章

审美教育：培育创新人才不可忽视的环节

性质界定：陶冶性情、净化心灵的情感教育
价值发现：塑造身心健康的和谐发展的人
艺术教育：激发人的想象力和创造力
现存局限：束缚人的审美能力和创造能力
超越路径：家庭、学校与社会的合力

促进人的全面发展，始终是教育的"初心"，也是教育的最终目的。然而，在教育实践中，由于长期受应试教育的影响，包括人的"德、智、体、美、劳"等各方面在内的全面发展的教育，除了"智育"课程，其他课程的重视程度相对要低得多。尤其是中小学的美育，音乐课、艺术课、舞蹈课等，基本都让位于中考和高考的相关科目。人工智能时代，是一个创新的时代，美育与创新密切相关。可以说，美育是智能新时代培养创新人才不可忽视的重要一环，需要家庭、学校和社会高度关注，合力推进。

一、性质界定：陶冶性情、净化心灵的情感教育

美育是情感教育，它具有感性形象、方式自由、潜移默化和注重实践的特点。理解美育的性质和特点，对转变教育理念和进行美育实践，具有重要意义。

（一）美育的性质

美育，从理论上讲，从属于美学；从实践上讲，从属于教育。作为审美与教育的融合，美育是在一定的美学思想和教育思想的指导下，以美的事物为材料和工具，通过审美活动来激发和强化人们的情感体验，以造就全面与和谐发展的新人。

关于美育的性质，国内外历来有不同的看法，主要有四种观点：其一认为美育是美学理论的教育；其二认为美育是艺术教育；其三认为美育是关于美的价值的教育；其四认为美育是情感教育。在这几种观点中，把美育看作是"情感教育"较为恰当。

这主要是因为：首先，从美育的实现手段看。美育与智育和德育不同，它不靠推理论证，不采用规范手段，而是在对象化的活动中通过直观具体事物或形象而实现的。它始终以情感活动为中介，把对象与主体联结起来，融为一体，并通过情感的体验、选择、取舍而实现教育目的。同时，在这个过程中，主体是在享受中接受教育的，没有来自外部或内部的压力，完全出自内在的自由选择，经过潜移默化而达到教育目的。

其次，从美感的性质看。审美活动是人在与现实的审美关系中所展开的一种精神活动或情感活动。黑格尔指出："审美带有令人解放的性质，它让对象保持它的自由和无限，不把它作为有利于有限需要和意图的工具而起占有欲和加以利用。所以美的对象既不显得受我们人的压抑和逼迫，又不显得受其他外在事物的侵袭和征服①。"实际上，美感是多种心理功能综合交错、共同活动的结果。审

---

① 黑格尔．美学：第1卷[M]．北京：商务印书馆，1997：147．

美全过程的最后成果是审美情感。人的审美情感不是天生就有的,也不是完全靠人在审美活动中自发产生的,而是需要进行有意识的训练和培养,即通过审美教育的途径来达到。通过审美教育,提高感官的审美能力,使单纯感觉的器官成为能欣赏"音乐的耳朵"和感受"形式美的眼睛"。在这个过程中,也使人的心灵得到陶冶和塑造,使人的情感理性化,使个体的、感性的、直观的东西成为社会的、理性的、历史的东西,从而使人的自由直观、自由感受能力得到提高。所以,审美教育是一种情感教育,其过程是人的情感理性化的过程,其最终目的是要建立一种"新感性",塑造完美的审美心理结构,培养全面发展的人。

再次,从美育在教育体系中的地位看。我们不妨先看看图 10-1 所示的内容。

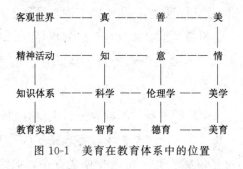

图 10-1　美育在教育体系中的位置

从上图可以形象地看出,客观世界有真、善、美三个方面,人的精神活动具有知、情、意三个部分,人类的知识体系中有科学、伦理学、美学,教育实践中依次也就有智育、德育、美育。其中,智育是通过科学来传授知识,开发智能,以把握"真";德育是通过伦理学来加强意志,提高品德,以把握"善";美育是通过美学来陶冶性情,净化心灵,以把握"美"。而要学习和研究科学、伦理学、美学等,发展知、意、情,追求真、善、美,还必须有一个强健的体魄,这就需要体育。在这四育中,虽然智育、德育、体育之中都包含一定的情感因素,但却不是主要的,只有美育才主要是培养人的美感情操。因此,美育的本质是以美感人,以情动人。美育在情感教育领域的地位,是其他任何教育所无法替代的。

最后,从美育思想发展的历史看。在美学史和教育史上,许多美学家和教育家,如柏拉图、亚里士多德、席勒等,都把美育看作是陶冶性情、净化心灵的情感教育。我国美育的积极倡导者蔡元培明确指出:"美育者,应用美学之理论于教育，以陶养感情为目的者也①。"我国当代著名美学家朱光潜也认为："美感教育是一种情感教育""美感教育的功用在怡情养性"②。

（二）美育的特征

由美育的性质，可以看出，美育具有以下主要特点：第一，美育是感性形象的教育。美育同传授科学知识的智育和传播伦理道德的德育不同，其主要手段既不是运用概念、判断和推理进行抽象概括，也不是运用伦理观念进行理性说教，而是通过美的事物的具体的、可感知的形象来感染人、触动人的情感以达到教育的目的。正如杜勃罗留波夫所说："我们的感情总是被生动的形象所引起的，而不是被一般的观念所引起的③。"以形感人、以情动人是美育最显著的特点。正是美育的这一特点，使这种教育形式适合于各种年龄、各个阶层和各种文化水平的对象。

第二，美育是自由方式的教育。美育是使人获得更多自由的教育，这在客观上也就决定了美育所采用的方式是自由的。它对受教育者不需要做理性的说服动员，更不用强迫命令，而是靠美本身的魅力来吸引人，以轻松愉快的方式把美的对象显示给受教育者，使受教育者在接受审美教育时，完全处于自觉自愿之中，凭着本人的心理需要和兴趣爱好，渴求和向往美，其精神始终处于一种"自由的状态"。在这种倾心欣赏、轻松愉快的美感享受之中，受到美感教育。

第三，美育是潜移默化的教育。审美教育是一种潜移默化的教育，它的效果是深刻而久远的，它将在人的一生中长期发挥作用。梁启超曾谈到小说支配人道的四种力量——"熏""浸""刺""提"。"熏也者，如入云烟中而为其所烘，如近墨朱处而为其所染""浸也者，入而与之俱化者也"。他还指出，"人之读一小说也，不知不觉之间，而眼识为之迷漾，而脑筋为之摇扬，而神经为之营注；今日变一二焉，明日变一二焉；刹那刹那，相断相续；久之而此小说之境界，遂入其灵台而拒之，成为一特别之原质之种子。有此种子故，他日又更有所触所受者，且旦而熏之，种子愈盛，而又以之熏他人，故此种子遂可以遍世界"。

---

① 蔡元培. 蔡元培美学文选[M]. 北京：北京大学出版社，1983：174.
② 朱光潜. 朱光潜美学文集(第2卷)[M]. 上海：上海文艺出版社，1982：505-506.
③ 杜勃罗留波夫，阿·瓦·柯尔卓夫. 外国理论家作家论形象思维[M]. 北京：中国社会科学出版社，1979：89.

梁启超还以读《红楼梦》和《水浒》为例说明小说的浸染作用，"读《红楼》竟者必有余恋有余悲，读《水浒》竟者必有余快有余怒。何也？浸之力使然也"[①]。其实，不惟小说，所有的文学艺术，在利用美的形象进行审美教育时，都是一个逐步熏陶、潜移默化的过程，是一个"随风潜入夜，润物细无声"的过程。在这个过程中，情感就会以一种"输入之而不自觉"的方式渗透于人的潜意识之中，形成一种完美的心理结构和心理定向，并具有较大的稳定性，对人的全部精神生活产生重大而深远的影响。

第四，美育是注重实践的教育。人类在实践活动中创造了美，在实践活动中进行审美欣赏和得到审美愉悦，同时也在实践活动中受到审美教育。因此，美、美感、美育是同一实践过程的不同方面，都具有实践性。要实现美育的目的，离不开审美实践，每一项美育本身就是一次实践活动。马克思说："在我的生产中物化了我的个性和我的个性的特点，因此，我既在活动时享受了个人的生命表现，又在对产品的直观中由于认识到我的个性是物质的，可以直观地感知的因而是毫无疑问的权利而感受到个人的乐趣。"又说："正是在改造对象世界中，人才真正地证明自己是类存在物。这种生产是人的能动的类生活。通过这种生产，自然界才表现为他的作品和他的现实。因此，劳动的对象是人的类生活的对象化；人不仅像在意识中那样理智地复现自己，而且能动地、现实地复现自己，从而在他所创造的世界中直观自身。[②]"所以，在进行美育活动中，既要注意美学理论的指导，又要注重具体实践，在审美实践中感受、体验、领悟美，在审美实践中提高审美修养和审美能力，在审美实践中创造和追求美。

二、价值发现：塑造身心健康的、和谐发展的人

创新是智能时代人才的主导素质，美育对新时代培养创新人才具有十分重要的价值。美育不仅对塑造身心健康、精神充实、人格高尚、个性完善的全面而又和谐发展的人具有不可低估意义，而且对智能时代培养创新人才具有十分重要的价值。

---

① 梁启超. 梁启超文选：下卷[M]. 北京：中国广播电视出版社，1992：4.
② 中共中央编译局. 马克思恩格斯全集(第42卷)[M]. 北京：人民出版社，1979：37.

（一）创新是智能经济时代人才的主导素质

一部人类社会的发展史，既是一部生产力和经济发展的历史，也是一部人类自身逐渐完善和素质不断提高的历史。在不同的时代，由于经济和社会环境不同，对人才的主导素质的要求也不同，如表 10-1 所示。

表 10-1　不同经济时代的人才主导素质

经济时代	人才的主导素质
农业	体力
工业	技能
知识	创新
智能	创新

从上表中可以看出，人类社会在摆脱了原始状态之后，已经历了农业经济时代和工业经济时代，现在正朝着智能经济时代迈进。在农业经济时代，生产过程是人的体力和智力的简单结合，生产力主要依靠人的体力支出，对人才的文化素质的要求相对较低。因此，农业经济时代人才的主导素质是体力素质。近代科学技术的发展以及随之而来的产业革命把人类社会由农业经济时代推进到工业经济时代。从纺织机和蒸汽机到工业的电气化和自动化，机器代替了人的部分劳动，生产力发展对劳动者的要求已由主要是体力型转变到主要是技能型，社会需要大量实际操作能力强的应用型人才。因此，工业经济时代人才的主导素质是技能素质。

随着现代科学技术和社会经济的飞速发展，工业经济正在被智能经济所取代，并必将成为新世纪的主导型经济。智能经济是以数据、算法与运算力的生产、分配和使用为基础，以创造性人力资源为依托，以智能高科技产业为支柱的经济。在智能经济时代，知识、信息与数据代替资本和能源成为社会经济发展的根本动力，数据生产力已成为社会生产力、国家竞争力和经济成就的关键因素，科学技术作为第一生产力，已由工业经济中的生产力"乘数倍增器"转变为智能中的"指数倍增器"。因此，创新是智能时代的灵魂，创新素质是智能时代人才的主导素质。

可以说，21世纪是人类创新的世纪，是一个需要创新人才而又不断涌现创新人才的世纪。在这个世纪里，一个国家创新水平的高低与创新能力的大小，将对这个国家在激烈的世界经济和科技竞争中起着至关重要的作用。人的创新能力的高低不仅受智力因素的影响,而且也受非智力因素的影响。它要求我们的教育应从"应试教育"的怪圈中走出来,全面实施素质教育和创新教育。在这里,对学生实施美育,培养他们的审美素质,提高他们的审美能力,进而提高他们的创新能力,是素质教育和创新教育的一个重要举措。

(二) 美育在创新人才培养中的作用

在科学发展的历史上,越是杰出的科学家,在艺术宝库中汲取的美学营养就越多。哥白尼不仅留下了作为近代科学开端的《天体运行论》这样的巨著,创立了新的世界体系和新的世界观,而且他本人也是一位卓越的画家,其"日心说"为全世界提供了一幅简洁和谐的宇宙图像,可以说是数学审美观在科学史上的一次伟大胜利。爱因斯坦不仅留下了作为现代科学开端的相对论,开创了新的时空观,而且他也是一位毫不逊色的小提琴家。他认为,我们的这个世界"可以由音乐的音符组成,也可以由数学的公式组成"[1]。音乐演奏的轻松气氛有助于科学问题的思考。这些例子既充分说明了具有艺术修养的科学家在科学研究中更容易有所创新,又说明了以艺术为主要手段的美育在培养创新人才上的作用。

从美育的目的上看。席勒曾经说:美的欣赏是一种"无为而为"的"自由的欣赏",在审美王国中,人卸下了一切关系的枷锁,并且使他摆脱了一切不论是身体的强制还是道德的强制。"通过自由去给予自由,这就是审美王国的基本法律"[2]。美育的目标是使人获得更多的自由,成为完美的全面发展的自由的人。这种完美的全面发展的自由的人也就是智能时代所需要的具有创新能力的人。

从创新过程上看。创造过程一般包括准备、酝酿、产生创造性设想、验证等四个阶段。其中,在酝酿和产生创造性设想这两个重要阶段,右脑都起着主导作用。这两个阶段是新思想、新观念、新方法产生的时期,因而也是创造性思维活动中最关键的时期。换个角度来看,所谓创新,就是把头脑中那些被认为毫无关系的情报信息进行联结,重新组合,作强制性联想。要进行这些联想,一要靠信息量,而右脑的信息量最大;二要靠形象思维、直觉思维和灵感,它们主要也是由右脑掌管的。由于传统教育的影响,学生在学校主要是受到逻辑思维的教育和训练,思考严密,讲求规范,按部就班等,应该说是也有好的一面。

---

[1] 爱因斯坦. 爱因斯坦文集. 第 1 卷[M]. 北京: 商务印书馆, 1979: 2.
[2] 席勒. 美育书简[M]. 北京: 中国文联出版公司, 1984: 145.

但是，这种以逻辑思维教育为主，加上"填鸭式"的教育和学习方式，使左脑使用"过度"，而对于有关右脑的课程被忽视，右脑受到压抑。创新工作既需要右脑的主导，又需要左、右脑的配合。从思维上讲，既要善于分析思维，又要善于直觉思维；既善于收敛思维，又善于发散思维；既善于抽象思维，又善于具体思维。

因此，在智能时代，要培养创新人才，就要特别注意开发教育对象的右脑，并使左右脑和谐地发展。审美心理学告诉人们，由感知、理解、想象、情感等因素参与的审美过程，实质上是一个认识过程，只不过认识的对象具有形象性的特征而已。从生理机制上看，主要是大脑右半球的功能。以形象教育、情感教育为特征的美育对于开发右脑，并促使左右脑和谐地发展具有重要的作用。它能提高人的感受性，训练形象记忆能力，发展想象力和形象思维能力，培养人的直觉能力，诱发人的创造灵感，从而促进人创造力的发展。

从科学方法论上看。对美的追求能够诱发智能研究的动机。动机是促使个人产生行为的原因。科学活动，同人类其他活动一样，动机对研究课题的选择和研究过程的进展等都具有重要的影响。科学家极大的创造热情和研究动机在很大程度上来源于他们的美感。美国著名科学哲学家库恩指出，在新的科学范式代替老的科学范式时，"新理论被说成比旧理论更美、更适当或者更简单"，在新理论建立中，美的考虑的重要性有时可以是决定性①。同时，美学原则也为科学研究提供了方法论原则，如对称性原则、简单性原则和和谐性原则等。爱因斯坦早就指出，应该把"外在的事实证明"与"内在的完美"作为选择科学理论的要求。

从人的身心健康上看。健与美是不能分开的，因为人不仅是自然存在物，更重要的是社会存在物。在教育中，只有将美育与体育结合起来，才能培养人的身体美、精神美和技巧美等，使人具有自然的外在美和社会的内在美的健美风貌，获得和谐发展。不仅如此，美育还能够以美怡情，调节心绪，疏导情感，保持心理平衡，促进身心健康发展，因为对美的感受、理解、欣赏和创造，总会给人带来精神上的享受，令人怡神悦态。

我国古代思想家荀子说："乐行而志清，礼修而行成，耳目聪明，血气和平，移风易俗，天下皆宁，美善相乐"②。亚里士多德也说："音乐对于人们不仅可资

---

① 库恩. 科学革命的结构[M]. 上海：上海科技出版社，1980：129.
② 北京大学哲学系美学教研室. 中国美学史资料选编：上册[M]. 北京：中华书局，1980：54.

怡悦，就解除疲劳而言，也是有益的"①。据最新研究表明，当人听一曲莫扎特之后，人的大脑活力将会增强，思维更敏捷，行动更有效，就像是给生锈的大脑零部件上了油。这甚至可作用于癫痫病人等患神经障碍的人，缓解他们的病情。这就是所谓的"莫扎特效应"②。其实，不惟音乐，所有其他形式的艺术教育和审美教育都具有类似的功效，是单纯的体育锻炼所无法达到的。通过美育所塑造出来的身心健康的和谐发展的人，正是智能时代所需要的具有创新特质的人。

三、艺术教育：激发人的想象力和创造力

艺术教育能开发右脑潜能并使左右脑平衡发展，有助于创新酝酿和产生创造性设想，激发创新动机，为创新提供方法论原则，培养直觉力、想象力并诱发创造灵感，对创新活动和培养创新人才具有重要作用。当前应克服片面强调专业教育的影响，加强艺术教育，培育创新人才，提高我国的科技创新能力。

美国洛杉矶市生物化学家罗伯特·鲁特·伯恩斯坦，长期以来一直从事科学与艺术之间的"神秘联系"的探索。最近，他在完成了对古今150名著名科学家和艺术家传记的研究后说，爱因斯坦和毕加索、巴斯德和巴赫之间存在着众多令人吃惊的"共同点"。达·芬奇是画家，他的名画《蒙娜丽莎》千古流传，同时，他也是一位科学家，他在物理、地理、医学与军事等方面均有杰出贡献；爱因斯坦，举世闻名德裔美国科学家，现代物理学的开创者和奠基人，相对论、"质能关系"的提出者。同时，他也是一位出色的小提琴手，深爱着艺术。史蒂夫·乔布斯曾说过："为什么苹果公司能够获得如此出色的成就？是因为在员工招聘时我们有意招收了一群人，他们是音乐家、艺术家、诗人，而碰巧，他们又都是计算机领域的科学家，正是这批人改变了世界。"可见，但凡具有艺术修养的科学家和发明家在科技活动中更容易有重大创新，又说明了艺术教育在培养科技创新人才中的重要作用。

一方面，艺术教育与右脑开发。现代脑科学通过裂脑人和正常被试者的研究

---

① 亚里士多德. 政治学[M]. 北京：商务印书馆，1965：419.
② 听莫扎特乐曲智商提高一半[N]. 广州日报，2001-01-06（A5）：5.

表明，大脑左右两个半球在功能上是不对称的。多数人左半球是言语中枢和数理、分析思维的中枢，而右半球则是空间关系、型式关系、音乐和艺术欣赏的中枢[1]。人的创新能力的高度发展是大脑左右半球的功能平衡发展并在活动上相互密切配合的结果。在这里，长期被教育所忽视的右脑的功能就凸现了出来。以形象教育、情感教育为特征的艺术教育对于开发右脑，并促使左右脑和谐地发展具有重要的作用。通过艺术教育，将形象思维和抽象思维（逻辑思维）有机地结合起来，去充分调动脑的"次要半球"的积极性，去努力补偿脑的"优势半球"的功能，使人脑左右两半球得到平衡协调发展，从而形成这样的机制：艺术教育→促进形象思维→促进右脑开发→促进创新思维能力提高→智力和创造力发展。美国哈佛大学博士艾斯纳的研究进一步支持了这种结论。他确认，艺术教育可以促进八种主要的创造能力因素的发展——对事物关系的感知能力、对细微差异的注意力、运用多元方法解决问题的意识、在过程中转换目标而不固守概念的能力、在无章可循的情况下决策的能力、在一种受约束环境中的操作能力、想象力与创造力以及用审美的视野洞察世界的能力。[2]

另一方面，艺术教育与思维方式。科学认识是一种极其复杂的活动，有众多的因素参与其中。但科学发现过程是"由理性活动和主要表现为直觉和灵感的创造性思维交互作用构成的。"理性准则和直觉灵感起着"互补方法论"的作用[3]。直觉和灵感都具有直接性、突发性、非逻辑性、整体性和独创性等特点。在现代科学技术条件下，这种思维方式对科学研究和技术发明具有愈来愈重要的方法论价值。这是由现代科学所研究的对象和特点决定的。现代科学在高度分化的基础上高度综合，向着两极化的方向快速推进，试图揭示自然界更深、更广、更久远、更复杂的层次和各种极限状态下的运动规律，其研究的对象愈来愈是一些带有根本性的宇宙之"道"。

在这种情况下，近代以来建立在观察、实验、逻辑和数学的科学方法以及分析和还原的思维方式基础之上的经验科学已逐渐显露出自身的局限性。过分强调单一性、永恒性和简单性，忽视和排除多样性、暂时性和复杂性，造成了科学内部的抵触、冲突和危机。

---

[1] K. W. Walsh. 神经心理学[M]. 科学出版社，1984：296-297.
[2] E. W. Eisner. Educating for Tomorrow's Jobs and Life Skills[OL]. http://www.artsednet.edu.
[3] 刘大椿. 互补方法论[M]. 世界知识出版社，1994：86.

20世纪，相对论、量子力学、基本粒子理论和系统科学的形成和发展，表明了经验科学时代盛行的实证主义的思维模式已不能适应时代的需要。像爱因斯坦这样的科学伟人，都主张以新的思维模式代替实证主义。他认为，科学发现的道路首先是直觉的而不是逻辑的。"物理学家的最高使命是要得到那些普遍的基本定律，由此世界体系就能用单纯的演绎法建立起来。要通向这些定律，并没有逻辑的道路；只有通过那种以对经验的共鸣地理解为依据的直觉，才能得到这些定律。"因此，他明确指出，在科学研究中，"我相信直觉和灵感"①。艺术教育能够培养直觉能力，诱发创造灵感，从而促进创造力的发展。除了直觉和灵感外，科技创新离不开想象。因为科技创新活动并不是仅仅依赖于一串串干巴巴的实验数据和逻辑规则，而是需要对未知事物的内外因关系进行洞察。

列宁曾高度评价想象（幻想）在科学发展中的作用，他说："幻想是极其可贵的品质。""有人认为，只有诗人才需要幻想，这是没有理由的，这是愚蠢的偏见！甚至在数学上也是需要幻想的，甚至没有它就不可能发明微积分。②"正因为想象在科技创新中的重要作用，郭沫若才语重心长地说："科学是讲究实际的。科学是老老实实的学问，来不得半点虚假，需要付出艰巨的劳动。同时，科学也需要创造，需要幻想，有幻想才能打破传统的束缚，才能发展科学。科学工作者同志们，请你们不要把幻想让诗人独占了。③"培养想象力的重要途径之一就是接受艺术熏陶。艺术教育培养出来的美感、节奏感及和谐感会大大提高人的想象力和创造力。

如上可见，艺术教育在创新活动和培养创新人才上的重要作用。教育部颁布的《全国学校艺术教育总体规划》明确指出："艺术教育是学校实施美育的主要内容和途径，也是加强社会主义精神文明建设、潜移默化地提高学生道德水平、陶冶高尚情操、促进智力和身心发展的有力手段。"《中共中央、国务院关于深化教育改革全面推进素质教育的决定》业已明确指出："要尽快改革学校美育工作薄弱的状况，将美育融入学校工作的全过程。"教育部则更进一步决定："尽快颁布《学校艺术教育工作条例》，并围绕《条例》制定有关实施细则和配套文件，使学校艺术教育工作步入科学化、规范化、制度化管理轨道，不断提高教育质

---

① 阿尔伯特·爱因斯坦. 爱因斯坦文集（第1卷）[M]. 北京：商务印书馆1979：102+284.
② 中共中央编译局. 列宁全集（第33卷）[M]. 北京：人民出版社，1988：282.
③ 戴友夫. 著名科学家演讲鉴赏[M]. 济南：山东人民出版社，1995：156.

量。①"因此,当前在大力推进素质教育和创新教育的过程中,应下大力气解决这方面存在的问题,以培养出更多具有创新素质和创新能力的人才,提高我国的科技创新能力。

四、现存局限:束缚人的审美能力和创造能力

今天所处的时代是智能的时代,数据是智能的基础,创新是智能的灵魂。创新能力的高低不仅受到智力因素的影响,而且也受到非智力因素的影响。考究传统美育,发现其中存在如下几个方面的局限,束缚了人们的审美能力和创造能力。

第一,家庭美育中的亲职教育。在国外,家庭教育这一概念已逐渐为亲职教育所取而代之。所谓亲职教育,是一门教导父母如何了解与满足子女身心发展需求,善尽父母职责,以协助子女有效成长、适应与发展的学问。亲职教育被认为是家庭教育的内涵和精髓,也是其内在基础,与传统的家庭教育有很大的不同,如表 10-2 所示。

表 10-2 亲职教育与家庭教育的差异

项目	亲职教育	家庭教育
教育重点	以子女为中心,父母施教乃顾及子女的生活需要及困难	以父母为中心,父母以成人的眼光、期望来施教
教育原理	注重亲情的交融与内心的感动	注重伦理的启迪与精神的感召
教育模式	采取辅导的方式,注重鼓励与引导	采取训导的方式,注重训诲与管理
教育气氛	强调民主,但不流于放任态度	偏重权威,易趋于严格管理
教育方法	运用多重角色,透过亲情交流,促进相互了解及沟通	利用身教和管教交互作用,使子女依父母单一的价值标准行事

(资料来源:施欣欣.亲职教育 ABC [M].北京:中国纺织出版社,1999:6.)

---

① 陈至立.面向 21 世纪教育振兴行动计划学习参考资料[M].北京:北京师范大学出版社,1999:65.

从上表可以看出，亲职教育与传统的家庭教育在教育的重点、原理、模式、气氛和方法上都有所不同。亲职教育至少对现代家庭美育提供了以下三点重要启示：

首先，在家庭美育的主客体关系中，父母是矛盾的主要方面，起着决定的作用，美育成败的关键因素是父母的文化知识和审美修养。所以，家庭美育首先是父母自身的"美育"，其次才是父母对子女的美育。在智能时代的今天，父母应不断更新观念，增长知识，加强美学修养。

其次，家庭美育中应注重亲情的交融与内心的感动，突出美育的情感性和潜移默化性的特点，注重鼓励和引导，采取辅导的方式，而不是传统家教注重训诲与管理，采取训导的方式。

最后，身教胜于言教。模仿是儿童的天性。在儿童的成长过程中，儿童的模仿对象首先是父母。父母的一言一行，都是孩子的模仿对象。父母怎样穿衣服，怎样与别人交谈和怎样谈论别人，怎样读书看报……所有这一切，对孩子都具有重要的意义。孩子能发现并感觉到父母语调中的细微变化，父母思想上的所有转变，都会通过无形的途径传达给孩子。作为父母，可以通过言传身教，特别是身教，使孩子更健康的成长。在智能时代，父母要扮演好自己的角色，就要提高价值观的科学性，要有健康的生活方式，要建立健康文明的家庭环境。这对美育及所有教育的成败都是至关重要的。

第二，学校美育中的艺术教育。艺术教育是美育的一个重要方面，学校开设的艺术类课程，无论是音乐、美术还是舞蹈等，在学校的美育实施中都占有重要的地位。艺术作品作为人类审美活动的最高形式，可以把生活中人们习以为常的事例加以艺术化、集中化、情感化，在打动人、感染人方面都要远远超越其他审美形象，具有无比强烈的引人入胜的魅力。

第三，社会美育中人文环境的创造。与家庭美育和学校美育相比，社会美育是一个更大的舞台。因为人出生以后，经过社会化，由一个自然人变成一个社会人，社会性就成为人的本质属性。在社会美育中，我们不仅要注意自然环境的美化，而且更要注意社会环境的优化，尤其要注意创造良好的人文环境。

五、超越路径：家庭、学校与社会

智能时代，应把美育作为一项社会系统工程贯穿于人生的始终，从多途径入手予以加强。通过家庭、学校和社会来加强美育。家庭美育、学校美育和社会美育这三者是相互联系、相互促进的。应充分发挥各教育力量自身的优势,使家庭、学校和社会之间相互补充,协调运作,形成合力,发挥整体功能,以达到良好的美育效果。

家庭是组成社会的细胞,是人社会化的第一站,是人一生活动的重要场所。家庭也是美育的起点和摇篮。一个人的审美能力的培养,审美观念和审美趣味的形成,与家庭有着密切的关系。因此,家庭美育的重要性是不言而喻的。家庭美育的实施,可利用家庭环境、家庭气氛、日常生活、文学艺术、大自然等。家长要有意识地充分利用这些方面,努力培养孩子的审美能力和审美情趣,使他们健康和谐地成长。如果说家庭是美育的基础,那么可以说学校就是美育的重要基地。这是因为,和家庭相比,学校具有目的性、计划性、系统性、科学性和集中性等特点。

学校美育的实施,可利用学科教学进行美育。学校教育的中心环节是不同学科的教学活动。因此,学校美育不能离开以智育为目的的学科教学。学校开设的课程,不仅在表现形式上,如概念的原始语言基础、模型、图形、分子式、方程式、运算过程、思辨过程等,都具有对称、均衡、和谐与多样统一的形式美特点,而且是构成审美教育的深层理性,对提高学生的审美感受能力具有重要作用。艺术教育是美育的一个重要方面。学校开设的艺术类课程,无论是音乐、美术还是舞蹈等,在美育的实施中,都占有重要的地位。

在当前的教育实践中,由于受"应试教育"、片面追求"升学率"和片面强调专业教育的影响,一些学校减少甚至没有开设艺术类课程。这对培养全面发展的创新人才是极为不利的。爱因斯坦曾严肃地指出:"用专业知识教育人是不够的。通过专业教育,他可以成为一种有用的机器,但是不能成为一个和谐发展的人。要使学生对价值有所理解并且产生热烈的感情,那是最基本的。他必须获得对美和道德上的善有鲜明的辨别力。否则,他——连同他的专业知识——就更像一只受过很好训练的狗,而不像一个和谐发展的人"[①]。

与家庭美育和学校美育相比,社会美育是一个更大的舞台。实际上,人在客观上不可能离开社会,也就必然无时无刻不接受社会的审美教育。因此,美育活动也就应贯穿于整个社会生活的一切时空之中。社会美育的实施,可利用大自

---

① 阿尔伯特·爱因斯坦. 爱因斯坦文集(第3卷)[M]. 北京:商务印书馆,1979:310.

然、社会设施、人文景观、各种活动等。要特别注意利用文化艺术进行美育。正如梁启超所说:"情感教育的最大利器,就是艺术:音乐美术文学这三件法宝,把'情感秘密'的钥匙都掌住了。"

所以,社会美育应很好利用文化艺术来浸润心灵,启迪智慧,增强美德,满足人审美心理的需要。同时,文艺工作者要认识到:"……艺术家的责任很重,为功为罪,间不容发。艺术家认清楚自己的地位,就该知道:最要紧的工夫,是要修养自己的情感,极力往高洁纯挚的方面,向上提,向里体验,自己腔子里那一团优美的情感养足了,再用美妙的技术把他表现出来,这才不辱没了艺术的价值"①,这样才能创造出为人民群众所喜闻乐见的艺术精品。

社会美育,首先要积极利用和谐的人际环境进行教育。和谐是最高层次的美。要提高全社会的道德素质和心理健康水平,努力创造出一种充满关爱的和谐的人际环境,从而使社会成员在情感上被打动,在潜移默化中接受教育,改变内心世界,共同创造美好生活。其次,要利用人文景观进行美育。像大自然一样,建筑、园林、文物、名胜古迹等人文景观也是进行社会美育的好材料。在开发、保护、维修和重建这些景观的同时,应充分发挥其在审美教育中的作用,使人们获得更多的审美教育和审美享受。最后,要利用文化艺术进行美育。文化艺术能在情感上打动人、改变人、完善人,是美育的主要方式。

总之,家庭美育中要提倡亲职教育,注重亲情的交融与内心的感动;学校美育中要充分利用学科教学并重视艺术类课程;社会美育要贯穿于整个社会生活的一切时空之中,并特别注意利用文化艺术进行美育。文艺工作者要认识到自己的社会责任,为人民群众创造出喜闻乐见的艺术精品。

---

① 梁启超. 梁启超文选:下卷[M]. 北京:中国广播电视出版社,1992:23.

第十一章

教育革命：在变与不变中走向未来

智能教育：在变与不变中透析本质
终身教育：从理念兴起到实践落地
面向未来：教育为学生未来做准备
不忘初心：教育促进人的全面发展

人工智能时代，由智能技术广泛应用而引发的教育革命，导致教育领域发生了翻天覆地的变革，教育内容、教育方式、教育资源、教育载体、教育结构等，无一例外，都在发生剧烈的变化。然而，在教育的飞速变化中，人们逐渐感觉到，虽然整个教育在变，但仍存在着不变的东西。此时，关于教育的变与不变的讨论便拉开序幕。那么，人工智能时代的教育，变的是哪些？不变的又是哪些？其本质又是什么？

一、智能教育：在变与不变中透析本质

立足当下，展望未来，人工智能时代，离不开对未来教育的畅想。人工智能与教育的结合，催生人工智能教育。教育包含"教"和"育"两个方面。教是教知识和教技能；育是育人，立德树人。从古至今，教育的发展从未像今天这样，能够同时兼顾"教"和"育"两个维度，能够同时兼顾教师和学生的需求。可见，人工智能时代的教育，已经迎来了教育的真正回归——回归到人最本质的关怀——人的价值、尊严和全面发展。

未来教育，必将走向与智能技术深度融合的时代，智能教师与人类教师并存。智能教师主攻知识教育与技能教育，帮助教育对象深刻把握操作性知识，并助力培育教育对象的智慧性知识和技能。而人类教师，核心的任务则与现在有较大的差距，人类教师已经从原有的知识与技能教育，转向情感教育与道德教育，集中于培育教育对象"立德树人、学以成人、生而为人"的品质，真正践行人类教师的育人价值。

21世纪前20年，人工智能与教育的结合还处在初级阶段，人工智能技术在教育中的应用主要集中于助教阶段，表现为人类专业教师借助人工智能教师系统，以辅助完成教学管理、制订教学计划、完善教学过程、优化教学考核、规范教学评价等较为广泛的领域。但是，整体的智能教育理论、智能教育方法论、智能教育实践等，还有待进行理论概括，教育的细分、微分领域，仍然需要进行智能技术的深入契合。所以，未来的教育，一定是在拓荒中前进的发展模式，整体实践进路是由宏观迈向中观和微观领域，理论延展方向则是从具体实践中诞生系统且开放的教育理论体系。

未来的教育，人机并存成为普遍存在的事实。智能机器人开始以现有的教师的角色出现，人类教师的角色也将发生巨大改变。取而代之的是，人类教师从知识与技能的教育中解放出来，将更多的时间投身于学生的德育和情感教育中，学生德才兼备，科学精神与人文精神集于一身。

未来的教育，在教育的过程中，人工智能教育系统能够根据学生的学习进

度、学习强度、学习效率、学习薄弱点、学习专注程度、学习注意力、学习兴趣等数据内容,进行智能化施教和个性化施教。教育对于人的态度,彻底由需要强制改造的对象,转换为需要根据教育对象的需求和社会的需求进行改造的对象。

由此可见,前面论及的人工智能教育的发展方向,也是人工智能教育需要改变的方向,也是最为凸显人工智能给教育带来的转变的领域。但是,这些变化的现象,最终反映的都只是人工智能赋能教育,给教育本身所带来的变化,而隐藏在变化的背后的不变的东西,仍然需要挖掘,如教育的目的等。

2018年11月,新东方创始人俞敏洪在浙江乌镇接受澎湃新闻专访时强调:"任何技术的改变都只是工具利用上的改变,不能改变教育本质,任何一种技术的改进,都不能与培养一个人的本质去相提并论。""从教育方面来说,教育的核心要素就是培养一个全面成长的人,培养一个身心健康的人,培养一个对知识的追求充满好奇心和探索精神的人,这些都是不可能改变的。[①]"同理,从俞敏洪的谈话中可知,人工智能赋能教育,也始终是以工具的形式出现的。工具对人的教育,由于工具的人本属性,使得教育活动中最根本的连接方式——人与人的教育模式没有改变,教育本身是培养人的这个目的没有改变。也就是说,教育的本质没有变。

人工智能时代,教育的智能化与智能化的教育,教育的形式在不断地变化,教育的工具在不断地变化,教育的模式也在不断地变化,且其变化的趋势会随着智能技术的更新与迭代而革新。但是,在教育的变化中,始终保持不变的就是培养全面发展的人的目的不变。无论智能技术何等发达,教育都是要培养全面发展的人,培养德才兼备的人,培养具有创新思维、创新能力、想象力、同情心的人。

不变的本质,价值蕴藏其中。未来的教育,教育充分展现其经济价值、政治价值与文化价值。特别是对于传承文化、创造知识、培养智能人才方面价值更为突出,对于提高人们的整体生活质量和生命质量具有重要意义。

[①] 澎湃新闻. 专访丨俞敏洪谈互联网教育:技术是工具,改变不了教育本质[OL]. https://baijiahao.baidu.com/s?id=1616625564864954519&wfr=spider&for=pc.

二、终身教育：从理念兴起到实践落地

19世纪中期，以美国为首的资本主义国家在全球掀起第二次工业革命浪潮，电气化的生产方式，极大地提高了社会生产力水平，使人类进入了"电气时代"。在第二次工业革命的影响下，飞速旋转的电力机器无休止地塑造着整个人类世界，人类社会的生产方式、生活方式以及思维习惯，都在被无限制地改变着。正是工业革命期间的技术力量，以其惊人的能量迅速地颠覆着传统社会，社会的政治命运、经济形态以及社会结构无一例外，最终世界逐渐从一个分散的世界变成一个整体的世界。

一切都在无穷的变化之中。由于社会的加速变化，人们开始思考如何应对这种变化、如何在其中更好地生存、如何更好地彰显个人的价值与尊严。正是在这样大的社会背景下，终身教育得以诞生。

终身教育，最早是由联合国教科文组织成人教育局局长法国的保罗·朗格朗（Paul Lengrand）在1965年正式提出的。保罗·朗格朗指出，终身教育不是某个具体的实践，也不是某个具体的教育阶段，而是泛指一种教育思想。终身教育是指在人的一生中接受的所有教育的总和，涵盖人们所接受的各种教育类型和各个年龄段所接受的教育。终身教育自提出至今，已成为世界各国制定教育方针、教育政策的重要思想依据，深受各国重视。

从其诞生的背景来看，终身教育旨在帮助人们时刻处于"清醒状态"，要求人们在一个加速变革的时代，应该清楚地认识到终身教育与终身学习的重要性，因为它直接与人们的生存和发展密切相关。换言之，终身教育理念是一种引导人们适应变革社会的思想熔炉，只要遵循它的义理，至少会比完全弃之不顾的人生存得更好。

然而，技术的局限性和教育时空的局限性，限制了终身教育的实践落地。工业时代和信息时代，这种教育思想理念，注定只能在小范围进行试点，而无法推广至全球。其主要原因在于，在那样的时代，个人的发展很少以他人的发展为前提，每个相对独立的个体之间，存在着必然的时空界限，使终身教育的思想落地

受到限制。尤其是人们想要从一般的教育实践中找到终身教育的规律，以及将终身教育落到具体的个人时，原始的数据壁垒、信息鸿沟和阶段性教育部门的孤立状态，阻断了终身教育的"终身"性质的塑形。譬如，当代大学生，要构建其终身教育体系，对于他们的未来是可行的，但是要整合他们的学前教育、小学教育与中学教育，恐怕只能获取到零碎的阶段性学习成果，对于学习的过程数据，估计教育对象本人，也已经忘得"一干二净"。因为对于现如今已经在校的这代大学生而言，他们的过去已经成为只有结果没有过程的"零星记忆"。试想，该种状态如何推进实现终身教育理念？

然而，大数据和人工智能时代，这种教育现状正在改变。终身教育理念迎来发展的黄金时期——从理念兴起到实践落地。在大数据和人工智能技术的支撑下，教育者对教育对象施行的所有教育影响，以及教育对象本身主动学习的过程数据，都将以教育大数据的方式储存下来。各种教育类型的大数据之间，经过国家终身教育的顶层规划设计，实现教育大数据的跨界共享与集中关联，从而形成了关于个人与集体的教育大数据集群。当教育大数据集成后，以人工智能技术为基础的终身教育体系正在生成，教育对象的个人教育活动与学习活动，全面映射于终身教育平台上，针对个人的教育规律，以及面向全体的教育规律得以"去遮蔽"。

人工智能时代的教育，正如比尔·盖茨在《未来之路》中所指出的那样，"教育的最终目标会改变，不是为了一纸文凭，而是为了终身受到教育。[①]"人的一生中，他们所从事的一切，都与他们的教育有关，而他们的一切教育活动，也将反作用于教育对象的现世的生存与发展。终身教育平台、终身学习平台、智能开放大学、终身教育公共服务体系逐渐建成，推动终身教育实践落地。未来的教育，将更为直接地服务于人的生存与发展，实现人的价值、尊严和全面发展。

推行终身学习政策。2019年8月2日，联合国教科文组织"终身学习政策国际咨询会议"在成都成功举办（如图11-1所示）[②]，该会议主要对《终身学习的准则和关键政策解读的联合报告》与《终身学习手册：政策与实践》两份出版物了进行出版前咨询、论证和评审。《终身学习的准则和关键政策解读的联合报告》

[①] 比尔·盖茨. 未来之路[M]. 北京：北京大学出版社，1996. 254.
[②] 全民终身学习公共服务平台. 联合国教科文组织"终身学习政策国际咨询会议"在成都成功举办[OL]. http://www.goschool.org.cn/sqjy/tpxw/2019-08-02/29439.html.

旨在通过一系列案例研究和终身学习政策的比较分析，探讨"终身学习"的政策含义，分析在国家经验、人权和发展框架的基础上，决策者和其他利益攸关方应具备的知识、证据、核心原则，以便能够制定和执行终身学习的相关政策。《终身学习手册：政策与实践》则阐述了终身学习的概念，并探讨如何通过国家、地方及院校层面的实践方法，推行终身学习。终身学习是终身教育的核心构成部分，终身学习政策推行，必然会直接或者间接地推动终身教育的发展与完善。

图 11-1　联合国教科文组织"终身学习政策国际咨询会议"

搭建终身教育平台。终身教育平台的搭建，是人工智能时代有效联结与整合教育对象终身教育数据与终身学习数据的平台基础。所以，有必要紧密围绕教育对象的生活环境，进行广泛的教育平台"覆盖性应用型"建设，从整体上覆盖教育对象的各个教育阶段与各种教育类型，借助大数据人工智能终身教育平台，形成"家庭—学校—社会"为一体的综合性教育平台。据新华网报道，早在2012年，面向全民的国家开放大学就已建成，国家开放大学一直致力于促进全民终身学习，在开放大学中，网络自主学习、远程支持与面授辅导相结合的学习模式，为不同类型（不同年龄、不同职业等）的人群提供丰富多样的教育课程，大力推动了全民终身教育实践的落地。

构建终身教育体系。联合国教科文组织在发布的《北京共识——人工智能与教育》中指出，人工智能时代的教育，应该"通过人工智能与教育的系统融合，全面创新教育、教学和学习方式，利用人工智能加快建设开放灵活的教育体系，确保全民享有公平、有质量、适合每个人的终身学习机会。""要采用人工智能平台和基于数据的学习分析等关键技术，构建人人皆学、处处能学、时时可学的综合型终身学习体系。①""综合型终身学习体系"的构建,正在推动终身教育体系的结构成型。人工智能时代,教育的边界正在被打破,教育对象不再被固定在指定的领域进行学习或者接受教育,而是在任意时间和地点都可以进行学习与建构知识。未来,将在深度学习、自然语言处理、机器模式识别等关键技术的帮助下,建构出"群智共享、人机协同、跨界关联、融会贯通"的终身教育体系,助力终身教育的实践落地与创新发展。

人类社会已经开始迈入"后人类社会",以智能技术为代表的新兴技术的崛起,挑战了原始的人类中心主义的世界观、人生观与价值观,"被挤压"成为这个时代的人类所共有的显著标志。因此,人工智能教育的发展,势必要带领整个后人类社会,摆脱后工业社会的"智能束缚",投身于人工智能终身教育体系的怀抱之中。未来教育,并不是所有的后人类都会被人工智能"挤压",只有那些对终身学习与终身教育"不屑一顾"的后人类,最终难免是要吃人工智能的"苦头"。

三、面向未来:教育为学生的未来做准备

教育的变,变的是形式;教育的不变,不变的是本质。教育的形式丰富多彩,但教育的本质总是围绕培养人而进行的。无论任何时代,教育的本质属性都不会变,这是由社会的本质属性所决定的,反映在教育的相对独立性之中。教育的存在,其起源就不是源于其他领域,而是源于人的生产劳动。就此而言,教育的本质不会变,由其本质所决定的目的和任务也就不会变。值得注意的是,教育的本质不会变,但教育的内容却会不断地扩充,教育的目的和任务也在不断地扩充——与时俱进,教育的质的规定性在多元技术的支撑下,"培养什么样的人,怎样培养人"的问题受到越来越多的关注。然而,最有权力回答此问题的人,应该是教育对象本身,他们最清楚"自己想要成为怎样的人",而不是"教育者想要他们成为怎样的人"。

如此说来,教育的本质的内容,目前已经扩充到教育对象领域,包含两层含

---

① 中国教育新闻网. 联合国教科文组织发布《北京共识——人工智能与教育》[OL]. http://www.sohu.com/a/337194304_243614.

义：一层是教育者的期盼，在一定意义上代表社会的发展要求，为迷惘的教育对象指明发展方向；另一层是教育对象的迫切要求，它直接支撑教育对象一直走向未来，而不让教育对象止于某个阶段。换言之，教育对象自己知道未来的自己要活成什么样子。所以，他们从现在开始就已经思考这件事，因为他们始终相信，跟着自己的内心走，一直不停止思考，总会活成自己想要成为的样子，生活也会成为自己想要的样子，这大概就是所谓的"皮格马利翁效应"。

与此不同的是，过往的教育，重点强调的是眼前的短期利益，可以是为了中考考入一个好学校，也可以是为了高考考入一个好大学。但是，当这些目标实现之后，迷茫与困惑却成为生活的主题，很多学生就在这样的状态中度过了自己的大学时光。

教育对象是一个有机整体。作为教育者，不应该人为地将之割裂成碎片，然后进行拼装，这样的短期效果固然好。但是，在教育对象身上形成的碎片间的裂纹，将会成为教育对象一生的残缺印记。然而，以更为发达的人工智能技术为基础的未来教育，必然是早就规避了如上之局限，着眼于未来的教育，这将成为未来教育的普遍共性。总的来说，未来教育，是为学生的未来做准备的。这种教育，它不是忽视学生的过往，也不是完全不看眼前的实际，而是在过往的教育大数据与学习大数据的支撑下，充分赋予学生众多未来的可能性。

教育为学生的未来做准备。人类教育史上，有很多教育家提到过教育与生活的关系：有人提出教育为宗教生活做准备，有人认为教育就是生活的，也有人认为教育就是为休闲生活做准备等。但是，最为人称赞的观点，还是教育"为未来生活做准备"的教育思想。早在19世纪末期，英国著名的教育思想家赫伯特·斯宾塞就已提出，教育的目的是为"未来的圆满生活做准备"的。确实如此，在物质充盈与思想自由的年代，这一教育思想蕴藏着战略眼光——学生的学习是面向未来的学习。

在欧几里得的《几何原本》中，有个弟子曾经问他学习几何能够得到什么好处，这个功利性的想法很快就遭到了他的批判，面对这样的问题，欧几里得对身边的侍从说，"给他三个硬币，因为他想在学习中获取实利。[1]"这样看来，无论今人还是古人，在教育的理念上，都有惊人的相似之处——强调教育的未来价值。

---

[1] 欧几里得. 几何原本[M]. 燕晓东, 译. 南京：江苏人民出版社, 2011：2.

为学生的未来生活做准备，不仅是一些教育家的重要理念，也是一些教育机构的发展愿景。国际学生教育评估项目（PISA 教育）便是如此，它旨在从开发测评工具、结果报告呈现、学生表现因素分析、教育质量和教育公平协调发展等角度，提高教育的质量和学生的整体能力。PISA 教育指出，教育的发展应该重点关注学生的知识建构能力，而不是知识的记忆能力。记忆能力的背后，是一整套的应试教育体系，讲求的是死记硬背，使很多学生失去了思维能力和创新能力，陷入灌输的无限循环之中。而知识的建构能力，则是培养学生创造知识的能力。在引导学生创造知识的过程中，PISA 教育还在考核内容中加入了素养考核。PISA 定义的素养与其他教育形态强调的素养不同，它强调的素养是学生通过学校教育和生活教育，主动将已经学到的知识和技能应用于实际生活中，以便于学生提升总体的生活能力和生活水平，从而适应将来的极具变化色彩的生活，确保能够拥有在不同情境中具备解释问题和解决问题的能力。

从 PISA 教育理念中，反映出两个值得关注的点：一是教育与未来生活的关系，二是 PISA 素养的培养。PISA 教育中所提出的素养，就是要通过特定的方式引导学生形成"不断生成中的恒定能力"，以便于学生能够更好地应对多变的生活。其实，PISA 教育与未来生活的关系，本质上反映的是人工智能时代的人们对未来生活的期许，以及从这种期许中延伸出来的现实准备，隐含着教育者与教育对象的不断思考和实践价值，包括他们应该如何提前做好未来生活准备的问题。

未来生活，与今天有很大的不同之处。随着人工智能技术的不断发展，它与人类生活的融合越来越紧密。具体的未来生活细节现在无法猜测，但唯一可以肯定的是，在未来生活中，人们将彻底地解放自己的双手，在家有机器人管家（包揽洗衣做饭等杂活），在工作岗位上有机器工人，出行有无人驾驶……应有尽有。这听起来有些科幻色彩，但这确实就在不远的将来。届时，人类将彻底进入深度智能革命时代，社会生产力将迅速飞升，人类的工作时间将大大缩短，并且与现在相比，未来的工作生活都是充满着奇幻色彩的，因为人们可以随意选择一个自己喜欢的地方，坐下来就可以开始工作。

自然而然，你便会问，这样的时代，人们应该做什么？这个问题不难回答，那就是驱动人工智能机器去帮助你实现你的梦想。人工智能时代，教育要为未来生活做好准备，务必掌握这种驱动力，暂且命名为"机器驱动能力"。要具备这种能力，要求学生要提前做好准备，要在未来生活到来之前就要做好准备，而不是等未来生活到来之时才做准备。否则，难免会面临被社会淘汰的风险。

因此，未来生活到来之前，在今天的大数据和人工智能技术的支撑下，掌握提升自己的机器驱动能力，将成为学生的主要学习方向。围绕这个方向，进行系列的配套训练与创造思维活动，在实践中拉近与智能机器之间的距离，是非常有必要的尝试。在如今，这种为未来生活做准备的教育，应该是可视化的教育，应该是在 VR、AR、MR 技术的帮助下实现未来情景呈现的教育，学生的过去、现在以及未来，将在人机融合中走向统一。未来教育，成就学生一生的教育，迎来终身教育从理念兴起到实践落实的崭新时代。

四、不忘初心：教育促进人的全面发展

人类智能是人工智能的基础，人类智能的发展对于人工智能的发展具有决定性作用。弱人工智能阶段，人工智能是人类智能的模仿、延伸与增强，这一性质决定了它的"从属"地位，也间接地反映了人工智能的被动属性，只有在人类智能高度发展的时代，人工智能的发展才能达到新的高度。人工智能的"三起两落"正说明了这一点。

人工智能的发展，源于技术的糅合与交融，从而在一个较为立体的层面（不是在一个单维度的层面），系统地再现人类智能。然而，当人工智能在完成模仿、延伸与增强的工作之后，它相较于人类智能，就完全从人类智能的母体中分离出去，成为独立的人工智能个体，具备了人工智能的相对独立性。

人工智能的发展，它的相对独立性触发人类本体意识的觉醒。人工智能的发展，在历史上存在三大流派，分别是模仿人类神经传导的联结主义、模仿人类逻辑语言的符号主义和模仿人类行为模式的行为主义。不同的流派模仿的对象有别，但都是在以不同的方式模仿着人类本身的复杂形态，以及人类的生命本质。

模仿的范式进化，经历了从简单到复杂、从单一到系统的过程。人工智能对人类智能的模仿，只是其发展的基本阶段；而延伸和增强阶段，却是人工智能开始宣告独立的开始。届时，引发人类智能与人工智能的冲突，俗称人机冲突。人类为了解决人机矛盾，寻求过几种消解办法，一是无政府主义，任其发展；二是

技术恐怖主义，严格限制其发展；三是科学控制主义，趋利避害。显然，第三种消解办法暗含着人类本身的妥协与包容，凸显人类智能与人工智能的相辅相成关系。

人类智能与人工智能的相辅相成关系，意味着在两者之间存在着"共进退"的属性。如今，人工智能对于人类智能的模仿、延伸与增强已达到很高的层次，特别是在行为模仿层面，模仿较为成熟。总的来说，到目前为止，由阿尔法狗引发的人机关系的再思考，大规模的"机器换人"战略的实施引发的"技术性失业"的焦虑等，都反映了人工智能机器已开始反向督促人类自身的发展问题，并在智能发展的过程中给人类的发展规定了严格的发展秩序。人类只有全面发展，才能更好地面对未来的人机共生社会中的生存、生活与发展的问题。

因此，人工智能的高度发展，直接或间接地倒逼人类的发展。严格意义上来说，是促进人的全面发展。因为"不动脑、不动情"的领域，人工智能已远超人类智能，而且由于人类受到客观条件的限制，在这个领域永远不可能超越人工智能。所以，"人的全面发展"成为人工智能时代人的发展的主攻方向，也是人工智能教育的核心目的。

"人的全面发展"，是指人的"德、智、体、美、劳"的完整发展。人工智能时代，有别于工业时代和信息时代，人们强调的全面发展，重心已经从"智育"转变为"五育并举"。这个重大的转向，主要源于人机冲突中的人类意识的觉醒。从古代的"本体论"到近代的"认识论"，再到现、当代的"存在论"的发展历程，就是由于人的自我意识的不断觉醒、个体意识不断提高而导致思维方式不断变化的结果①。人工智能时代的教育要促进人的全面发展亦是如此。

物联网、大数据与人工智能技术的相互糅合，塑造了人类历史上迄今为止出现过的最为卓越的时代，也引发了技术思维与人本价值的矛盾冲突。技术思维的胜出，是整个人类遭受灾难的危险时刻。历史的惨痛教训，让智能时代的人们明白，人工智能技术的发展，需要大力弘扬人本价值，力争促进技术思维与人本价值的协同与有机统一，才能促进人的本体地位的时代性回归，才能使人走向存在主义的"人学立场"，人的全面价值才能受到社会的广泛关注。这就是说，是人，而不是技术，必须成为价值的最终根源；是人的最优发展，而不是生产的最大

---

① 王元骧. 论美与人的生存[M]. 杭州：浙江大学出版社，2010：188-189.

化，成为所有计划的标准①。

考察人工智能时代的人的全面发展，存在两个分析维度：一是技术维度，二是物质资料维度。技术恐怖主义者认为，人工智能的发展，只会给人类带来毁灭性的灾难——技术性失业、机器换人、单维度的人、无用阶级等，不一而足。不难看出，他们一致看到的仅是人工智能技术对人类的冲击，也仅看到人工智能时代的技术维度，而没有看到物质资料维度。人工智能时代的物质资料的生产，正在进入一个全新的生产时代，由智能机器代替人类而进行的精准化工业生产模式，人类赖以生存的物质资料得到极大的满足，人类进入智能生产过剩的经济时代，人类对自然与物质的依赖程度降到历史最低。

马克思指出，"人的依赖关系（起初完全是自然发生的），是最初的社会形式。在这种形式下，人的生产能力只是在狭小的范围内和孤立的地点上发展着。以物的依赖性为基础的人的独立性，是第二大形式。在这种形式下，才形成普遍的社会物质变换、全面的关系、多方面的需要以及全面的能力体系。建立在个人全面发展和他们共同的、社会的生产能力成为从属于他们的社会财富这一基础上的自由个性，是第三个阶段。第二个阶段为第三个阶段创造条件。②"按照马克思的说法，人工智能时代的智能机器大生产模式，充盈的物质资料已经为"以物的依赖性为基础的人的独立性"创造了条件，"第二个阶段"已经为"第三个阶段"创造条件。在这个需要全面的能力体系作为支撑的社会维度，人们不再只是"为生存而战"，而是将更多的时间消费在"为发展而战"之中，从而直接为人的全面发展提供了可能。

共同体的全面发展，为人工智能时代个人的全面发展提供手段。2015年，习近平总书记在亚洲博鳌论坛上提出推动建设"人类命运共同体"的思想，深得世界各国赞许与支持。在这一思想的指引下，一个人的命运、一个社会的命运、一个国家的命运、一个民族的命运，都紧紧地与全人类的命运联系在一起，成为一个不可分割的"命运共同体"。由此可见，人工智能时代的教育，在促进人的全面发展的过程中，还得益于人类命运共同体提供必要的思想指引。马克思指出，"只有在共同体中，个人才能获得全面发展其才能的手段，也就是说，只有

---

① Erich Fromm. The Revolution of Hope: Toward a Humanized Technology [M]. New York: Harper & Row, 1968. 96.

② 中共中央编译局. 马克思恩格斯全集(第30卷)[M]. 北京：人民出版社，1995：107-108.

在共同体中才可能有个人自由。①"换言之，就是马克思所说的"每个人的自由发展是一切人的自由发展的条件。②"

人工智能时代的教育，得益于技术维度与物质维度的多元价值，为教育对象的发展提供了必要的发展条件、发展时空和发展手段，人的全面发展的道路已"天堑变通路"，人的本体论价值与存在主义人学立场，正在所有人的全面发展中得到实现。人工智能时代的教育，促进人的全面的发展的目的，源于人工智能的相对独立性带来的人类整体意识觉醒，并在共同体的全面发展中实现了个人的全面发展。

---

① 中共中央编译局. 思恩格斯选集(第1卷)[M]. 北京：人民出版社，1995：119.
② 中共中央编译局. 思恩格斯选集(第1卷)[M]. 北京：人民出版社，1995：294.

附 录

一、《北京共识——人工智能与教育》

联合国教科文组织《北京共识——人工智能与教育》全文

国际人工智能与教育大会成果文件[①]

2019年5月16—18日 中华人民共和国 北京

序 言

1. 我们——国际人工智能与教育大会与会者,包括50名政府部长、来自100多个会员国的逾500名国际代表,以及来自联合国机构、学术机构、民间社会和私营部门的约100名代表,于2019年5月16—18日齐聚中国北京。我们衷心感谢联合国教育、科学与文化组织和中华人民共和国政府合作举办此次大会,以及北京市政府的热情欢迎和盛情款待。

2. 我们重申了《2030年可持续发展议程》中的承诺,特别是可持续发展目标4及其各项具体指标,并讨论了教育和培训系统在实现可持续发展目标4时所面临的挑战。我们致力于引领实施适当的政策应对策略,通过人工智能与教育的系统融合,全面创新教育、教学和学习方式,并利用人工智能加快建设开放灵活的教育体系,确保全民享有公平、适合每个人且优质的终身学习机会,从而推动可持续发展目标和人类命运共同体的实现。

3. 我们回顾2015年通过的关于利用信息通信技术(信通技术)实现可持续发展目标4的《青岛宣言》,其中指出必须利用新兴技术强化教育体系、拓展全

[①] 中华人民共和国教育部. 联合国教科文组织正式发布国际人工智能与教育大会成果文件《北京共识——人工智能与教育》[OL]. http://www.moe.gov.cn/jyb_xwfb/gzdt_gzdt/s5987/201908/t20190828_396185.html[2019-08-28].

民受教育机会、提高学习质量和效果以及强化公平和更高效的教育服务供给；当我们步入人工智能广泛应用的时代时，我们认识到重申并更新这一承诺的迫切需要。

4. 我们研究了人工智能演变的最新趋势及其对人类社会、经济和劳动力市场以及教育和终身学习体系的深远影响。我们审视了人工智能对于未来工作和技能培养的潜在影响，并探讨了其在重塑教育、教学和学习的核心基础方面的潜力。

5. 我们认识到人工智能领域的复杂性和迅猛发展速度、对人工智能的多元化理解、宽泛的外延和各种差异较大的定义，以及在不同场景中的多样化应用及其引发的伦理挑战。

6. 我们还认识到人类智能的独特性。忆及《世界人权宣言》中确立的原则，我们重申联合国教科文组织在人工智能使用方面的人文主义取向，以期保护人权并确保所有人具备在生活、学习和工作中进行有效人机合作以及可持续发展所需的相应价值观和技能。

7. 我们还申明，人工智能的开发应当为人所控、以人为本；人工智能的部署应当服务于人并以增强人的能力为目的；人工智能的设计应合乎伦理、避免歧视、公平、透明和可审核；应在整个价值链全过程中监测并评估人工智能对人和社会的影响。

8. 认识到人工智能的多学科特性及其影响；确保教育人工智能与公共政策特别是教育政策有机配合；采取政府全体参与、跨部门整合和多方协作的方法规划和治理教育人工智能政策；根据本地在实现可持续发展目标4及其具体目标以及其他可持续发展目标的工作中遇到的挑战，确定政策的战略优先领域。从终身学习的角度规划并制定与教育政策接轨和有机协调的全系统教育人工智能战略。

9. 意识到推行教育人工智能政策和工程的巨大投资需求。审慎权衡不同教育政策重点之间的优先级，确定不同的筹资渠道，包括国家经费（公共和私人）、国际资金和创新性的筹资机制。还要考虑到人工智能在合并和分析多个数据来源从而提高决策效率方面的潜力。

10. 意识到应用数据变革基于实证的政策规划方面的突破。考虑整合或开发合适的人工智能技术和工具对教育管理信息系统（EMIS）进行升级换代，以加强数据收集和处理，使教育的管理和供给更加公平、包容、开放和个性化。

11. 还考虑在不同学习机构和学习场景中引入能够通过运用人工智能实现的新的教育和培训供给模式，以便服务于学生、教职人员、家长和社区等不同行为者。

12. 注意到虽然人工智能为支持教师履行教育和教学职责提供了机会，但教师和学生之间的人际互动和协作应确保作为教育的核心。意识到教师无法被机器取代，应确保他们的权利和工作条件受到保护。

13. 在教师政策框架内动态地审视并界定教师的角色及其所需能力，强化教师培训机构并制定适当的能力建设方案，支持教师为在富含人工智能的教育环境中有效工作做好准备。

14. 认识到人工智能在支持学习和学习评价潜能方面的发展趋势，评估并调整课程，以促进人工智能与学习方式变革的深度融合。在使用人工智能的惠益明显大于其风险的领域，考虑应用现有的人工智能工具或开发创新性人工智能解决方案，辅助不同学科领域中明确界定的学习任务，并为开发跨学科技能和能力所需的人工智能工具提供支持。

15. 支持采用全校模式围绕利用人工智能促进教学和学习创新开展试点测试，从成功案例中汲取经验并推广有证据支持的实践模式。

16. 应用或开发人工智能工具以支持动态适应性学习过程；发掘数据潜能，支持学生综合能力的多维度评价；支持大规模远程评价。

培养人工智能时代生活和工作所需的价值观和技能

17. 注意到采用人工智能所致的劳动力市场的系统性和长期性变革，包括性别平等方面的动态。更新并开发有效机制和工具，以预测并确认当前和未来人工智能发展所引发的相关技能需求，以便确保课程与不断变化的经济、劳动力市场和社会相适应。将人工智能相关技能纳入中小学学校课程和职业技术教育与培训（TVET）以及高等教育的资历认证体系中，同时考虑到伦理层面的内容和与之相关的人文学科渗透。

18. 认识到进行有效的人机协作需要具备一系列人工智能素养，同时不能忽视对识字和算术等基本技能的需求。采取体制化的行动，提高社会各个层面所需的基本人工智能素养。

19. 制定中长期规划并采取紧急行动，支持高等教育及研究机构开发或加强课程和研究项目，培养本地人工智能高端人才，以期建立一个具备人工智能系统设计、编程和开发的大型本地人工智能专业人才库。

20. 重申终身学习是实现可持续发展目标4的指导方针，其中包括正规、非正规和非正式学习。采用人工智能平台和基于数据的学习分析等关键技术构建可支持人人皆学、处处能学、时时可学的综合型终身学习体系，同时尊重学习者的能动性。开发人工智能在促进灵活的终身学习途径以及学习结果累积、认证、发证和转移方面的潜力。

21. 意识到需要在政策层面对老年人尤其是老年妇女的需求给予适当关注，并使他们具备人工智能时代生活所需的价值观和技能，以便为数字化生活消除障碍。规划并实施有充足经费支持的项目，使较年长的劳动者具备技能和选择，能够随自己所愿保持在经济上的从业身份并融入社会。

22. 重申确保教育领域的包容与公平以及通过教育实现包容与公平，并为所有人提供终身学习机会，是实现可持续发展目标4——2030年教育的基石。重申教育人工智能方面的技术突破应被视为改善最弱势群体受教育机会的一个契机。

23. 确保人工智能促进优质教育和全民学习机会，不分性别、是否残疾、不分社会地位、不分贫富、不分民族或文化背景、无论地理位置。教育人工智能的开发和使用不应加深数字鸿沟，也不能对任何少数群体或弱势群体表现出偏见。

24. 确保教学和学习中的人工智能工具能够有效包容有学习障碍或残疾的学生，以及使用非母语学习的学生。

性别公平的人工智能和应用人工智能促进性别平等

25. 强调数字技能方面的性别差距是人工智能专业人员中女性占比低，且进一步加剧已有性别不平等现象的原因之一。

26. 申明我们致力于在教育领域开发不带性别偏见的人工智能应用程序，并确保人工智能开发所使用的数据具有性别敏感性。同时，人工智能应用程序应有利于推动性别平等。

27. 在人工智能工具的开发中促进性别平等，支持对女童和妇女开展人工智能技能培训和应用赋能，在人工智能劳动力市场和雇主中推动性别平等。

28. 认识到人工智能应用程序可能带有不同类型的偏见，这些偏见是训练人工智能技术所使用和输入的数据自身所携带的以及流程和算法的构建和使用方式中所固有的。认识到在数据开放获取和数据隐私保护之间的两难困境。注意到与数据所有权、数据隐私和服务于公共利益的数据可用性相关的法律问题和伦理风险。注意到采纳合乎伦理、注重隐私和通过设计确保安全等原则的重要性。

29. 测试并采用新兴人工智能技术和工具，确保教师和学习者的数据隐私保护和数据安全。支持对人工智能领域深层次伦理问题进行稳妥、长期的研究，确保善用人工智能，防止其有害应用。制定全面的数据保护法规以及监管框架，保证对学习者的数据进行合乎伦理、非歧视、公平、透明和可审核的使用和重用。

30. 调整现有的监管框架或采用新的监管框架，以确保负责任地开发和使用用于教育和学习的人工智能工具。推动关于人工智能伦理、数据隐私和安全相关问题，以及人工智能对人权和性别平等负面影响等问题的公开辩论。

31. 注意到缺乏有关人工智能应用于教育所产生影响的系统性研究。支持就人工智能对学习实践、学习成果以及对新学习形式的出现和验证产生的影响开展研究、创新和分析。采取跨学科办法研究教育领域的人工智能应用。鼓励跨国比较研究及合作。

32. 考虑开发监测和评估机制，衡量人工智能对教育、教学和学习产生的影响，以便为决策提供可靠和坚实的证据基础。

33. 基于各国自愿提交的数据，监测并评估各国之间人工智能鸿沟和人工智能鸿沟和不均衡性，并且注意到能够获取使用和开发人工智能和无法使用人工智能的国家之间两极分化的风险。重申解决这些忧虑的重要性，并特别优先考虑非洲、最不发达国家、小岛屿发展中国家以及受冲突和灾害影响的国家。

34. 在"2030年教育"的全球和地区架构范围内，协调集体行动，通过分享人工智能技术、能力建设方案和资源等途径，促进教育人工智能的公平使用，同时对人权和性别平等给予应有的尊重。

35. 支持对与新兴人工智能发展影响相关的前沿问题进行前瞻性研究，推动探索利用人工智能促进教育创新的有效战略和实践模式，以期构建一个在人工智能与教育问题上持有共同愿景的国际社会。

36. 确保国际合作有机配合各国在教育人工智能开发和使用以及跨部门合作方面的需求，以便加强人工智能专业人员在人工智能技术开发方面的自主性。加强信息共享和有良好前景应用模式的交流，以及各国之间的协调和互补协作。

37. 通过联合国教科文组织移动学习周等方式并借助其他联合国机构，为各国之间交流有关教育人工智能领域的监管框架、规范文本和监管方式提供适当的平台，从而支持在发掘人工智能潜力促进可持续发展目标 4 方面开展南南合作和北南合作，并从中受益。

38. 建立多利益攸关方伙伴关系并筹集资源，以便缩小人工智能鸿沟，增加对教育人工智能领域的投资。

39. 建立一个"人工智能服务于教育"的平台，作为开放源人工智能课程、人工智能工具、教育人工智能政策实例、监管框架和最佳做法的信息交流中心，以期推动利用人工智能促进可持续发展目标 4，支持就教育和学习的未来开展辩论，并使开放源码人工智能资源和课程向所有人开放。

40. 在与会员国开展咨询的基础上制定教育人工智能指导纲要并开发资源，以支持会员国制定促进教育领域有效和公平应用人工智能的政策和战略。支持对教育政策制定者的相关能力建设。

41. 通过强化相关部门及处室并动员联合国教科文组织的机构和网络，加强联合国教科文组织在教育人工智能领域的引领作用。

42. 支持将人工智能技能纳入教师信通技术能力框架，支持各国就教职人员如何在富含人工智能的教育环境下工作开展培训。

43. 在教育人工智能方面，进一步扩大联合国教科文组织与相关联合国机构和多边合作伙伴、地区开发银行和组织以及私营部门的合作。

44. 此次大会之后，采取适当的地区和国际性后续行动，与活跃在这一领域的发展伙伴合作，巩固并扩大本共识的影响。

二、教育的革命：大数据与个性化教育探讨

教育的革命：大数据与个性化教育探讨

摘 要：依托大数据可以记录学生的行为数据，了解学生的个性化需求，推荐个性化学习内容，了解教师的教学行为，完善教育评价，实现个性化教育，从而导致教育的革命性变革。大数据技术在驱动个性化教育的同时，也面临着技术资源问题、专业人才缺乏、教育歧视风险、教学效果较差、教育观念滞后与隐私安全挑战。探寻大数据时代个性化教育的新路径，就要保持理性思考，创新教育思维，发展大数据技术，加强人才培养，注重多方协作并重视数据隐私保护。

关键词：教育；个性化教育；大数据

教育是国之大计，是民族复兴和社会进步的基石，是人全面发展的根本途径。在不同时代，教育有着非常不同的内涵和形式。从农业时代的私塾式教育模式到工业时代的工厂式班级教育模式，再到信息和智能时代基于新一代信息技术和人工智能技术催生下的以数据为支撑的科学化、智能化、个性化的教育模式，教育的内涵在不断扩大，教育的形式在不断变化——更加符合人性和人的全面发展需要的个性化教育，在经历了否定之否定之后，正在向更高层次复归。如今，大数据掀起了一股教育改革的浪潮，推动个性化教育的蓬勃发展。而教育大数据热潮在引发个性化教育发展的同时也产生了一系列新的挑战。因此，有必要分析大数据时代教育的新态势与新挑战，探讨大数据时代下个性化教育发展的新路径，使大数据更好地为推动教育改革与发展服务。

（一）大数据推动个性化教育的发展

我国政府于 2010 年发布的《国家中长期教育改革和发展规划纲要（2010—

2020年)》中提到:"关注学生不同特点和个性差异,发展每一个学生的优势潜能。""关心每个学生,促进每个学生主动地、生动活泼地发展,尊重教育规律和学生身心发展规律,为每个学生提供适合的教育。[①]"可见,国家在教育规划中,十分强调和重视个性化教育。实际上,新时代教育发展的大方向是个性化教育,这也是教育适应人工智能时代科技进步和大数据发展的大趋势。个性化教育遵循学生的个体差异性、成长规律和教育规律,为学生提供丰富多彩的课程内容和实践活动,培养学生自主学习能力和适应时代发展需要的能力,挖掘个体的生命潜能,使学生朝着全面、个性、自由、健康的方向发展。而这一切,都与教育大数据发展和运用的方向相一致。利用大数据技术,可以记录学生的行为数据,了解学生的个性化需求,推荐个性化学习内容,了解教师的教学行为,完善教育评价,促进个性化教育的发展。

1. 记录学生的行为数据

一个"一切都被记录,一切都被分析"的大数据时代的到来,为个性化教育的发展提供了可能性和现实性。学生在线上学习时会留下一连串的"数字足迹",这些"数字足迹"包括学习过程的行为数据、学习结果的评价数据,以及通过在线学习形成的社会网络关系数据等。在大数据场景中,课程中每个学生的入学课程评估、讨论板输入、博客入门或维基活动等可以立即记录并添加到数据库中[②]。通过记录网页的点击次数、搜索足迹、课程资料的选择、视频的观看时间,反复观看的频率、暂停的次数、跳转的次数、点击视频的时间点等学生行为数据,以及作业完成情况、测试结果、答疑质量等学习成果的评价数据,一方面可以准确地分析学习资源的质量和效果,进而优化学习资源;另一方面可以使学生对自己这一时间段的学习情况进行分析和总结,确定最适合自身个性化学习的策略,以便日后对学习行为进一步优化。

随着新一代信息技术和人工智能技术的发展及其在教育中的广泛应用,大数据对学生的行为数据进行采集、记录、分析和挖掘,使新时代的教育能够借助先进技术的发展从宏观群体走向微观个体,跟踪每一位学习者的行为足迹,为实现个性化教育奠定了技术条件。

---

① 国家中长期教育改革和发展规划纲要(2010—2020年)[OL].[2018-07-15].http://www.gov.cn/jrzg/2010-07/29/content_1667143.htm.

② PICCIANO A. The evolution of big data and learning analytics in American higher education[J]. Journal of asynchronous learning networks,2012,16(4):9-20.

2. 了解学生的个性化需求

通过对学生行为数据进行记录、分析和挖掘，可以了解学生的个性化需求。霍华德·加德纳的多元智能理论认为，每个人由八种基本智能（语言智能、逻辑智能、音乐智能、身体动觉智能、空间智能、人际智能、内心智能和自然智能）不同程度地组合在一起，正是这八种智能的不同组合产生了个体差异[①]。实际上，个体差异不仅表现在生理上，还表现在人格特点、认知方式、学习经历、学习偏好、学习需求和学习能力以及社会背景等方面。不同个体存在着明显的差异，即便同一个体，其不同方面的发展也会随着时间而变化。在学习的过程中，个体的差异性会直接或间接地影响学生身心的健康发展。因此，教育工作者要承认学生的个体差异性，尊重学生的独特性，了解学生的个性化需求，并针对学生的兴趣、爱好、志向、才能、专长等不同的特点，因材施教。

大数据时代，通过对学生行为数据的记录，可以了解每个学生的个性化学习需求，并通过大数据技术找到合适的学习资源和学习系统，从而实现真正意义上的个性化教育。学生在网上会留下学习过程的"数字足迹"，通过对这些数据进行分析和挖掘，可以了解每个学生的学习进度、学习方法以及兴趣爱好等内容。学生的知识水平、能力水平、未来规划、兴趣爱好以及长板、短板等方面的不同，会影响他们对学习内容和学习方法的选择。大数据可以使我们了解到年龄不同、地区不同、身份不同的学习者的各式各样的学习需求，并以此开发出丰富多样的学习资源，为学习者提供多种选择和个性化的学习指导。

3. 推荐个性化的学习内容

英国著名大数据专家维克托·迈尔·舍恩伯格指出，大数据和教育的结合，将超越过去那些"力量甚微的创新"而创造真正的变革。他总结了大数据改善学习和教育的三大核心要素：反馈（feedback）、个性化（individualization）和概率预测（probabilistic predictions）[②]。在大数据时代，充分应用大数据技术的概率预测、个性化和反馈功能，对数据行为整合成有效信息，根据学生的需求和能力，推荐不同的学习内容、学习方式，为每个学生提供最合适的教学材料，让学生自主选择所需的学习资源、制订适合的学习计划、自由地安排学习时间和地

---

① GARDNER H. Frames of mind: the theory of multiple intelligences[M]. New York: Basic Books, 1983: 386.

② 维克托·迈尔·舍恩伯格. 与大数据同行——学习和教育的未来[M]. 赵中建，张燕南，译. 上海：华东师范大学出版社，2015: 16.

点，从而达到自我学习、主动学习、个性化学习的目的。

大数据技术还能够从大量学生的学习中获得某类型人才所需要具备的知识。如果一个学生持续地学习了某几门课程，大数据技术可以采集、记录、分析、挖掘得出该生的学习需求，并为其推荐其他可能要学习的课程，再通过学生的自主选择来确定要学习的课程。因为在信息化时代，知识增长的速度加快，网上海量、碎片化、爆炸式的教育资源会导致信息冗杂，学生不容易获得个性化学习的最佳资源。由于学生不清楚某类人才所需要的所有知识，自己无法选择后续课程学习，更不用说选择相应的优质课程，这挑战着学生的学习能力、信息处理能力和认知能力，容易出现信心缺失、效率低下等问题。但是，大数据技术能够很容易地做到这一点，通过大数据的收集和分析，学习内容将根据分析结果加以改变和调整，知识的传递得到个性化处理，从而使学生能高效地完成学习目标和计划，进而获得个性化发展。

基于大数据技术的应用，一些互联网在线教育，如翻转课堂和慕课，通过即时、全面、高效、细致地收集、记录、存储学生的学习能力、学习方法、学习过程等大量数据，分析并得出学生的学习兴趣、学习特点、学习效率等结论，能结合不同类型学生的学习需要与能力，研发适合学生需求的教育产品和教育系统，帮助学生自主学习和个性化学习。

4. 了解教师的教学行为

大数据时代，除了通过记录学生的学习行为数据、了解学生的学习需求、推荐个性化学习内容外，还可以通过对教育大数据的分析和研究了解和完善教师的教学行为。

传统的学校教育模式是普鲁士教育模式，采用的教学组织形式是按照年龄来划分年级的大班授课制，教学都是按照事先的教学计划来执行的，教师每节课要完成指定的教学任务，有限的时间和精力很难去照顾每一位学生的个性化发展。而且在传统教育中，教师的角色是无法替代的，学生在教师的主导下被动地接受知识，机械地记忆所讲授的内容，久而久之就会形成懒惰和依赖心理，不愿独立思考，丧失了自主学习和自我规划的能力，创新能力更受到影响。

大数据分析技术通过对学生各方面的数据进行挖掘，发现隐藏在数据身后的有价值的信息和知识。学习分析系统对收集到的数据进行处理之后，可以提取出一系列信息，这类信息的一个显著特征是具备预测性，利用这些信息可以给教学带来极强的针对性①。大数据的分析、统计和反馈功能可以帮助教师详细具体地了解学生的学习行为、学习能力、学习习惯、学习需求等内容，了解自己的教学行为和教学效果以及什么样的教学方法对学生的学习是最有效的，针对学生的学习发展情况来调整教学方案，教学安排上不再固守于同样的顺序，知识的传递得到个性化、灵活地处理。

除了改善教师的教学行为，教师角色也将发生巨大变化，他们不再作为只是课本知识的传授者对学生灌输式授课，而是在教学中更加注重培养学生的思维能力、知识理解与运用能力、信息收集与分辨能力等，激发学生的创造性思维。在和学生的关系上是亦师亦友，更加了解学生、理解学生、尊重学生的个性、促进学生个性化发展。另外，利用大数据技术可以对教师进行全面考核，跟踪教师的教学过程，帮助教师分析教学效果，使教师及时调整教学方法，提高教学质量。

5. 促进全面客观的教育评价

教育评价是根据一定的教育价值观或教育目标，运用有效的评价技术和手段，通过系统地搜集信息资料和分析整理，对教育活动满足教育主体需要的程度作出的价值判断活动②。大数据下的教育评价是基于教育活动过程中产生的数据进行分析的，要形成科学、客观、全面的教育评价，其有效途径就是让"数据说话"，让数据成为教育评价的重要依据。

大数据使得教育形成以全方位、多层次、多领域、多角度的评价机制。第一，扩大评价指标。在应试教育下，传统的学习评价指标是考试成绩和排名，它不仅无法全面评价学生的学习情况，对成绩的片面追求还忽略了学生的身心健康发展，影响学生学习的主动性、积极性和创造性。大数据将重塑教育评价系统，将传统的单一的结果式评价转变为基于大数据的过程式评价、成长评价和综合性评价等，重视学生的学习过程、学习体验、学习效果、素质提升和师生的交流互动。

第二，形成多角度、多领域、多主体的评价。教育评价对象不仅限于学生，还应该包括课程、教师、学校等对象。大数据的数据储备和技术理念使实现包括学生评价、教师评价、学校评价、区域教育发展评价、课程等众多评价对象的综

---

① 马德坚. 大数据支持下的个性化教育实现[J]. 软件导刊（教育技术），2016, 15 (2)：52-53.
② 张燕南, 赵中建. 大数据时代思维方式对教育的启示[J]. 教育发展研究，2013, 33 (21)：1-5.

合评价模式成为可能①。传统的德智体美劳的评价也不再适应新时代素质教育、个性化教育的发展要求,要重视培养学生的创新能力,将学生的全面发展评价扩展到思想道德、知识技能、人际关系、创新思维、实践能力、身体素质等方面。

第三,转变评价功能。对学生的评价不是为了区分优劣,而是通过数据的收集和分析,了解学生的能力,并针对学生的情况提出建设性意见给予学生指导,以充分发挥自身的潜能。学校可以通过大数据、互联网和云服务建立起学生综合素质评价体系,学生的所有数据和信息被全方位地收集和记录。通过这些数据,可以很好地观察学生的变化发展,并依据数据分析为学生提供个性化的评价和指导。以多角度、全方位、多类型、多规格、多层次的全面客观评价机制,代替现行的单纯以分数为标准的评价制度,既是大数据"4V"特征(大量、多样性、及时性、真实性)的要求,也是大数据和人工智能时代个性化教育的追求。

(二)大数据驱动个性化教育之问题

大数据驱动个性化教育是一个复杂的系统工程,既涉及技术、经济、社会、教育等众多方面,又关涉理念、行动、伦理、政策等许多因素,目前存在着如下重要问题。

1. 技术资源问题

大数据一方面促进了传统教育方式的改变,推动个性化教育发展;另一方面,我国目前大数据技术资源比较薄弱,对个性化教育的发展提出了挑战。第一,技术支撑的限制。教育是一个长期的复杂的过程,受限于现实条件,当前的技术手段还无法短时间内普遍实现对海量教育数据的收集、处理和分析。教学数据、管理数据、科研数据和服务数据等教育大数据种类繁多,数据的处理能力对视频、音频、图片、文字、教案等非结构化数据还存在着不足。第二,技术标准的缺失。行业的垂直建设,构成多个行业之间甚至同一行业的不同部门之间条块分隔的"数据孤岛"和"数据烟囱"。海量数据以各种形式分布在教育行业的各个部门中,存在着同类数据被反复采集、数据标准不一等问题,给大数据驱动个性化教育发展带来了极大的挑战。第三,数据鸿沟的扩大。由于经济、科技、教育等原因,国家、地区、行业间的大数据技术资源分布不均,很多学校缺乏必要的大数据基础设施建设。另外,部分地区、学校、教育机构办学理念较封闭,不

---

① 张燕南,赵中建. 大数据时代思维方式对教育的启示[J]. 教育发展研究,2013,33(21):1-5.

愿开放共享自己的教育资源和数据,造成数据鸿沟有扩大之势。

2. 专业人才缺乏

为顺应时代发展的要求,推动个性化教育,需要一批大数据研究者与实践者,需要一批既了解教育又掌握大数据技术与管理的综合型人才。然而,目前我国缺乏教育大数据的专业人才,因此培养优秀的专业人才刻不容缓。大数据时代下,各种数据信息大量充斥在教育活动中,这就要求专业人才对海量数据保持高度的敏感以发挥大数据的价值功能。因此,教育部为实施国家大数据战略,相继增设了"数据科学与大数据技术"专业,培养大数据人才。许多高校也创建了大数据研究院,开设了大数据方面的课程。虽然目前部分高校建立了大数据专业,但在配套课程体系的建设、人才培育的模式等方面仍处于初步探索阶段,短期内难以培养大量优秀的教育大数据从业者,因此缺乏专业人才和综合型人才。

3. 教育歧视风险

随着大数据热度的攀升,以数据为评判标准的理念开始大行其道,大数据成为教育者进行教育决策的工具。而对大数据的崇拜,使"潜在歧视"深藏于个性化教育的过程中,加剧教育者误判与歧视的风险,在教育实践中更可能影响学生身心健康的发展。

第一,大数据崇拜加剧教育者产生"潜在歧视"的风险。迈克尔·施拉格在哈佛商业评论的文章中指出,在理论和实践中,大数据将文化陈述和刻板印象数字化为经验可验证的数据集[①]。数据分析技术正使用越来越强大的统计算法增强数据库的相关性,而从数据分析预测的关于个人品格与行为的推论可能存在着误导性,即"大数据将以良莠参半的方式统治我们"[②]。第二,大数据也会对学生产生不良影响。由于大数据不会遗忘,数字足迹、数字身份、数字标签反过来成为限制学生进步、成长和改变的因素,学生在寻求个人的成长中无形会受到阻碍和束缚。因此,如果教育者沉溺或迷失于海量的个人数据,最终将产生片面、固化及不公正的判断,影响学生身心健康的发展。

---

① CASSEL C, SAUNDERS R. President's Council of Advisors on Science and Technology[J]. Jama journal of the American Medical Association, 2014, 312 (8): 787-788.

② TOOR A. This French school is using facial recognition to find out when students aren't paying attention[OL]. [2018-07-20]. http://www.theverge.com/2017/5/26/15679806/ai-education-facial-recognition-nestor-france.

4. 教学效果较差

随着个性化教育的需求不断增加,信息技术和人工智能的进步使个性化教育系统的数据呈现爆炸式增长。然而,目前可用的个性化在线教学平台存在较大的不足和局限性,挑战着学习者的学习与认知能力,易导致教学效果较差的问题。

第一,由于缺乏传统课堂的互动,学习方法和认知能力之间的差异导致学生学习进度的差距日益凸显。如果在线教学平台只是将传统线下的教育模式搬上互联网,那么这种缺少实时互动、个性化的教育模式仍然是"填鸭式"教育。当个性化教学内容不能有效进行,则会出现高辍学率。第二,碎片化、爆炸式的海量信息占据学生有限的时间与精力,会导致其学习与认知的困境。碎片式的学习方式影响着学生专注度的保持,而海量的信息资源则使得学生的大脑疲劳,认知的超负荷则会挫败学生学习的信心与动力。尼古拉斯·卡尔在《浅薄》中提到,当我们把记忆任务推卸给外部数据库,从而绕过巩固记忆的内部过程时,我们就会面临掏空大脑宝藏的风险,进而危及个体的深度和独特个性和我们共享的社会文化的深度和独特个性[1]。第三,缺少有效管理和监督。一些学生,尤其是中小学生,由于自制力较差,如果没有老师的有效管理和监督,在学习中易受社交软件、视频娱乐、网络游戏等影响而分心,导致学习效果不佳。

5. 教育观念滞后

面对具有个体差异性的学生群体,教育体系仍充斥着流水线式、填鸭式的教育模式、过时的思维方式和教育观念以及固化的教学进度,最终产出一批批同质的学生群体,无法适应大数据和人工智能时代对于人才需求的转变。

第一,大数据对思维方式的影响,强调相关关系,忽略因果关系。英国大数据专家维克托·迈尔·舍恩伯格认为,大数据时代的一个最重要变化是从因果关系变向相关关系,再也不需要从事实中寻找缘由,而是要从看似无关的数据中找到某种相关关系。然而,过度强调相关关系,忽略因果关系,不足以解决问题的根本。教育以培养人为根本目的,不仅要"知其然",更要"知其所以然"。唯有洞察到教育问题产生的本质原因,才可能从根本上寻求解决之道[2]。第二,大数据对教育观的影响。部分专家过高地估计大数据对人才培养的影响,事实上,大

---

[1] 尼古拉斯·卡尔. 浅薄:互联网如何毒害我们的大脑[M]. 刘纯毅,译. 北京:中信出版社,2010:209.

[2] 杨现民,唐斯斯,李冀红. 发展教育大数据:内涵、价值和挑战[J]. 现代远程教育研究,2016(1):50-61.

数据为个性化教育、人才培养提供了一个良好的工具、途径。但是个性化教育、因材施教的教育观念不仅仅取决于学校，家庭和社会在人才培养方面扮演着举足轻重的角色。个人的发展、成长是家庭、学校和社会等多方面因素综合作用的结果。第三，大数据时代对传统的教育方式提出了挑战。知识裂变的时代使获取知识的固有体系发生了重要转变。如今，教育衰落的根本原因是教育者往往忽视了学生认知改变所导致的知识获取的变化，数字移民教师正以过时的语言（前数字时代的语言）去教授一群说全新语言的学生[1]。第四，面对新的教育背景，孤立的教育管理模式正在制约个性化教育的发展。此外，对于个性化教育的研究往往局限于国际教育机构或者教育组织，缺乏基于国家层面或者跨学科协作的研究与实施，导致个性化教育往往流于形式，难以付诸实践。

6. 隐私安全挑战

大数据开放共享在增强个性化教育的同时，也陷入教育数据泄露噩梦中，引发了大数据收集的伦理问题。数据隐私、安全和所有权问题正对个性化教育提出额外的挑战。法国巴黎商学院将计划使用"情感识别系统"来衡量学生在课堂与学习网站的注意力，这有助于提高大量开放在线课程中学生表现并改善教师的教学效果。但也使越来越多的人开始对学生数据的处理方式提出疑虑，巴黎校园内更出现了示威活动[2]。除此以外，大数据所带来便利之处使人们忽视其对学生隐私与安全带来的危害。美国的教育大数据公司 InBloom 运行了 15 个月便关闭，主要原因是其在教育数据开放过程中对隐私措施的疏忽，致使安全问题的发生。路透社报道说，这个 1 亿美元的数据库不断跟踪学生的兴趣、学习障碍、考试成绩甚至是家庭作业的完成情况，包括收集从适应性少儿数学学习网站 Dreambox 和可汗学院等学习网站上所产生的学生数据。联邦法律允许其"与销售教育产品和服务的私人公司共享其数据库部分档案"，导致数百万名儿童的姓名、地址、社会安全号码以及学习信息被泄露。最终该计划在 2014 年趋于崩溃[3]。可见，在教育方面，大数据虽是一笔宝贵的教育财富，但是如果保护不当则会带来严重的

---

[1] PRENSKY M. Digital natives, digital immigrants[J]. Journal of distance education, 2009, 292(5): 1-6.

[2] TOOR A. This French school is using facial recognition to find out when students aren't paying attention[OL]. [2018-07-20]. http://www.theverge.com/2017/5/26/15679806/ai-education-facial-recognition-nestor-france.

[3] DANA C, CHRISTINE L. Protecting privacy in big data: a layered approach for curriculum integration[J]. Information systems education journal, 2016, 14(3): 45.

安全问题和社会问题。

(三) 利用大数据推进个性化教育的新路径

分析大数据对个性化教育带来影响和问题，有助于我们理性看待和合理应用包括大数据在内的新一代信息技术和人工智能技术对推进教育现代化的作用，抢抓机遇，推进个性化教育发展，培养新时代需要的全面发展的人才。

1. 保持理性思考

基于大数据的个性化教育热度在持续上升的同时，需要保持理性思考，克服技术依赖与数据崇拜。为在大数据时代保持理性思考，需选择适应于个人的学习方式，学会掌握新的学习方法。苏伽特·米特拉认为在今后的大数据时代，只有三种最基本的能力是青少年用得到和必须学的：一是阅读，二是搜索，三是辨别真伪[①]。也就是说，汲取、获得知识的能力、价值观的培养以及批判性思维的形成在当今更为重要。首先是要培养保持阅读的习惯。应在屏读时代培养良好的阅读习惯和方式，把纸质阅读与数字化阅读相结合，提升阅读的广博与深度。其次要提高信息搜索能力与决策能力。为防备便利的大数据链接使个人探索资源、链接资源能力的退化问题，应有意识地发掘与提升自身的搜索和逻辑决策能力，让新技术成为解放个人能力与天分的工具，学会在数据海洋中搜索与辨别真伪的能力，有选择地借鉴与吸收。最后是充分利用信息技术的便利性，主动适应大数据时代的学习特点、学习方式，学会移动式学习、娱乐式学习与社交式学习等。

2. 创新教育思维

面对这种新的、爆炸性增长的新一代信息技术和人工智能技术，大数据之于个性化教育更为重要的是思维的转变。教育者应按需且不断寻变，注重持续学习以缩小与数字土著民的鸿沟，拥抱大数据与智能机器，真正实现教育理念之革新。

第一，教育要以学生为本，尊重学生的主体性。尊重学生的主体性，以生为本并不排斥教师的导向作用，而是需要教师了解和掌握目前学生思维方式的变化，在相关思维、主客观思维、过程思维和经验思维的指导下，注重掌握、整合、处理、挖掘与利用大数据以适应新的教育发展背景，以学生发展为本，充分

---

① 魏忠. 大数据时代的教育革命[N]. 江苏教育报, 2014-08-06 (04).

发挥学生潜能。

第二，重视培养创新精神和全面个性发展。学生是最活跃、知识最密集的群体，在大数据环境下，学生的思想观念、思维方式和行为方式受到了深刻的影响，需要树立以创新人才培育为导向的个性化教育理念，不断创新教育模式。充分尊重学生的个体差异，了解学生的个性特点以采用科学合理的教育观念、教学方法，培养学生发散思维、横向思维，克服思维定式。第三，形成终身学习的观念。随着大数据和人工智能时代的来临，计算机、网络和通信技术的全面覆盖，大量的信息数据生成，人们若是拒绝接受新思想、新观点、新技术，将很可能落后，被社会所抛弃。因此，应转变学习与教育思维，提高数据素养，主动拥抱大数据与智能机器等新工具、新技术。人们如何在信息环境中更好地开展个性化教育工作，还需要不断学习、更新理念、进一步探索和实践。

3. 发展大数据技术

在大数据浪潮下，探寻个性化教育路径首先要发展大数据技术。第一，要遵循顶层设计，建立健全教育大数据行业标准与规范，以保障教育大数据采集、存储、应用、共享等的规范性，规范所有教育数据管理平台的数据指标，以便各平台对数据的有效对接，实现各平台数据的融合共享，为后期深度挖掘与分析做好准备。第二，大数据时代真正的革命在于如何运用数据。因此，要进一步增强整合教育数据的能力，提升探索数据背后的价值和根据数据作教育决策的能力。借鉴国际上教育大数据应用方面的经验以此推进我国教育大数据应用的深入发展；提炼总结有价值的教育大数据运用模式与案例，指导全国各地教育行政部门、学校、教育培训机构等合理应用教育大数据；通过对教育大数据的分析，了解教育发展中的不足和现实需求，并制定教育政策和教育策略。第三，要推动教育服务个性化平台建设，利用大数据搭建满足师生所需要教育资源的平台，创建个性化的数字化资源，将数字化资源和个性化教学资源有机结合起来，设计一个利于搜索的工具平台以保证学生能有效获取知识，实现自主学习和个性化学习。

4. 加强人才培养

大数据时代下，教育的改革和个性化教育的发展，不仅需要先进的大数据技术，还需要大数据研究者与实践者敏锐的洞察力和专业能力。因此，加强人才培养是当务之急。首先，建立一支专业化、信息化的师资队伍是实现个性化教育的保障。这就要求教育者要适应时代发展的要求，加强信息化技能培养，创新教学理念和教育方法，依托大数据技术，了解学生的学习情况和学习需求，从而为学生量身打造个性化教育方案,实现学生的全面发展。其次,推动大数据技术的应用和发展,需要培养一批懂大数据、具备大数据采集、分析、处理技术能力,并且善于研究大数据、挖掘大数据的人才,并将数据挖掘、数据分析、人工智能、可视化等先进技术与教育现实问题相结合。因此,跨学科的专家团队在教育数据挖掘、学习分析和视觉分析应该协作设计和实施研究,高等教育机构应建立新的跨学科研究生课程,以培养此专业领域的数据科学家[①]。另外,还应组织教育学、管理学、计算机科学、统计学等多学科的研究人员建立专门的教育大数据研究所,集中优势力量解决教育大数据应用过程中存在的问题,同时结合教育发展开展战略性研究,使其成为国家教育大数据发展的智力宝库。

5. 注重多方协作

教育界应创新思维,把常规的教育数据挖掘和新的学习分析结合在一起,注重多方协作,推动个性化教育生态系统的创建。第一,注入人文关怀。在利用大数据技术驱动个性化教育的过程中,增加对学生情感价值、认知方面教育的投入。教育针对的是学生的一生,不只是包含技能和知识的学习,还包含价值观、性格塑造以及公民参与,应让人们真正参与到教育之中并且从中受益终生。把人文关怀注入大数据发展中,处理好人与数据、人与智能机器、价值理性与工具理性之间的关系,彰显数据的温度。第二,加强"家校"合作机制。个人的成长、成才是家庭、学校、社会等多方面因素共同作用的成果,个性化教育的实现也需要家庭、学校和社会的共同参与和配合。首先要扩宽沟通渠道,利用网络平台提高沟通效率,实现有效的双向沟通,了解学生的真实情况;其次,转变家长过分重视成绩的观念,增加对学生心理健康、身体素质、兴趣爱好和创新能力的关注,变应试教育为素质教育和创新教育;最后,家长要提高对学校的关注度,了解学校对促进学生发展的各项措施,提高"家校"合作共育的效果。

6. 重视数据隐私

隐私受侵犯已成为大数据驱动个性化教育发展之壁垒。因此,教育工作者和数据开发人员必须谨慎对待学生数据,高度重视数据隐私在大数据与个性化教育长期发展中的重要作用。

首先,重视个人数据隐私与安全。第一,举办保护数据隐私活动。早在

---

① MEANS B, ANDERSON K. Expanding evidence approaches for learning in a digital world[R]. Washington: Office of Education Technology Us Department of Education, 2013: 51-63.

2009年，美国图书馆协会知识自由办公室便开始举办选择隐私周（CPW）活动，"选择隐私周"的目的是鼓励对话，提高人们对大数据时代隐私问题正日益增长的认识①。第二，树立责任意识，加强数据道德修养。每个人都是社会建设的一员，在数据的开放共享带给我们便利的同时，我们也要自觉承担数据保护的责任，提升自身的数据道德修养，尊重他人数据、保护他人数据，坚持在道德规范的约束下运用大数据技术，提高数据的安全性和可靠性，使大数据更好地为人类办事、服务。

其次，利用技术手段保护隐私。在大数据时代，不管是告知与许可、模糊化还是匿名化，这三大隐私保护策略都失效了②。因此，加强保护隐私的技术显得特别重要。第一，高等教育机构应致力于创建诸如数据恢复软件、防火墙、加密和防病毒等软件以减少丢失或大数据被操控的风险。第二，利用双向监控技术。即数据从采集到使用都需要双向知情，数据的采集者与使用者（偷窥者也是一种特殊的数据使用者）也需同样被监控③。加强数据监控，保护信息安全。

最后，制定相关的法律法规。为了更好地保护数据隐私安全，美国在《家庭教育权利与隐私法案》中提出要保护学生的教育数据安全和信息隐私；英国颁布了《数据保护法案》，加强对个人数据权利的保护。尽管我国也通过《网络安全法》《电子商务法》《关于加强网络信息保护的决定》等法律法规来保护数据隐私安全，但与西方先进国家相比，我国关于个人数据隐私的相关法规还不完善，存在着法律规范不明确、惩罚制度不完备、内容不清晰具体等问题，而且对教育领域隐私保护问题的研究也十分有限。因此，相关部门必须意识到教育大数据的应用会面临道德和信任的双重挑战，并制定相关的法律法规，对不法应用、侵犯用户隐私与国家安全的单位或个人进行惩罚，切实保障个体、机构、国家的教育数据安全。

---

① ADAMS H. Choose privacy week：educate your students (and yourself) about privacy[J]. Knowledge quest, 2016, 44 (4)：30-34.
② 黄欣荣. 大数据：网络时代的科学读心术[N]. 中国社会科学报, 2015-01-12 (A07).
③ 吴军. 智能时代：大数据与智能革命重新定义未来[M]. 北京：中信出版社, 2016：268.